AF377787

ORUNO LARA

—

Sous le Ciel Bleu
de la Guadeloupe

LA NATURE. — LES COUTUMES. — LES FEMMES

ET LES HOMMES. — TABLEAUTINS ANTILLAIS. —

ESSAI SUR LA LITTÉRATURE CRÉOLE.

Édition contenant le portrait de l'auteur et une préface de Georges Barral

PARIS
LIBRAIRIE FISCHBACHER
33, Rue de Seine, 33
—
1912
Tous droits réservés.

Sous le Ciel Bleu

DE LA

GUADELOUPE

Oruno Lara

Homme de lettres à la Pointe-à-Pitre
Fondateur-Directeur de la Guadeloupe littéraire.

D'après un portrait exécuté en 1912.

ORUNO LARA

Sous le Ciel Bleu
de la Guadeloupe

LA NATURE. — LES COUTUMES. — LES FEMMES

ET LES HOMMES. — TABLEAUTINS ANTILLAIS. —

ESSAI SUR LA LITTÉRATURE CRÉOLE.

Édition contenant le portrait de l'auteur et une préface de Georges Barral

PARIS
LIBRAIRIE FISCHBACHER
33, Rue de Seine, 33

1912

PRÉFACE ET PRÉSENTATION

DE

M. ORUNO LARA ET DE SON ŒUVRE

PAR

GEORGES BARRAL.

—

Sur la carte intellectuelle des *Frances littéraires* que nous avons établie en 1897, la Guadeloupe se présente dans la mer des Antilles comme un phare avancé. Un peu au-dessus d'elle se trouve la Martinique et autour d'elle s'éparpillent, en demi-ceinture, les îles minuscules de la Désirade, la Petite-Terre, les Saintes, Saint-Barthélemy, Marie-Galante et l'île de Saint-Martin pour les deux tiers, le surplus appartenant à la Hollande.

Nous sommes ici sur des territoires français et sur le grand chemin maritime qui de la France et de l'Europe va bientôt faire affluer le commerce vers le canal de Panama. Dans tous ces parages célèbres notre domination fut un moment très considérable car elle s'étendit jusqu'à Port-au-Prince, la capitale d'Haïti. Les événements militaires nous furent contraires au commencement du siècle dernier, de toutes nos possessions, nous n'avons conservé que le groupe des îles qu'on nomme

Petites Antilles ; il nous reste toujours deux perles qui se détachent sur l'écrin bleu du Grand Atlantique, ce sont : La Martinique et la Guadeloupe.

La Guadeloupe a conservé des origines nettement françaises au milieu de l'agitation de son histoire. Découverte le 4 novembre 1493 par Christophe Colomb, celui-ci l'appela *Guadeloupe*, à cause de la ressemblance de ses montagnes avec la Sierra de Guadelupe en Espagne. Suivant une autre tradition, Colomb lui imposa ce nom en l'honneur de Notre-Dame de la Guadeloupe en Estramadure. Sa désignation primitive était Karukera qui lui avait été donnée par ses premiers occupants, les Caraïbes. Abandonnée par les Espagnols, l'île resta inoccupée pendant un siècle, au bout duquel elle tomba, en 1635, au pouvoir de cinq cent cinquante Français, dirigés par deux gentilshommes, l'Olive et Duplessis. Successivement la Guadeloupe fut administrée, plus ou moins heureusement, par des compagnies particulières. En 1664, sur les conseils de Colbert, Louis XIV acheta au prix de cent ving-cinq mille livres tournois, l'île de la Guadeloupe, qui fut cédée avec Marie-Galante, la Désirade et les Saintes, à une Société de formation récente appelée Compagnie des Indes Occidentales. Non moins malheureuse dans ses spéculations que les précédentes, cette dernière compagnie dût rétrocéder, en 1674, ses droits au roi. Louis XIV paya ses dettes, lui remboursa son capital et fit réunir ces colonies au domaine de la Couronne.

Depuis ce jour jusqu'en 1815, la Guadeloupe, sans cesse

convoitée par les Anglais, fut envahie quatre fois par les troupes britanniques et subit des fortunes diverses et douloureuses. Enfin, le 25 juillet 1816, elle fut restituée définitivement à la France. Et, dès lors, elle n'a jamais cessé de faire partie du domaine de l'Etat. Pendant long-temps, la Guadeloupe fut traitée par la mère-patrie en sœur cadette, même en Cendrillon de sa sœur plus favo-risée, la Martinique, sous la tutelle administrative de laquelle elle se trouva placée jusqu'en 1775, époque défi-nive de son émancipation. Toutefois, les faveurs gouver-nementales ont continué d'aller à la Martinique et c'est avec raison que les Guadeloupéens demandent aujour-d'hui à être traités sur un pied d'égalité absolue.

Affranchis par un décret de la Révolution française du 16 Pluviôse an II, les noirs furent de nouveau soumis à l'esclavage par la politique intéressée de Bonaparte. La liberté leur fut restituée par la Révolution de 1848, grâce à l'initiative du Gouvernement provisoire et aux efforts glorieux du célèbre philanthrope Victor Schoelcher. Le grand Arago était alors ministre de la marine et de la guerre ; ce fut lui qui fit signer le décret de délivrance. Mon père servait alors de secrétaire à l'illustre astronome depuis plusieurs années et je me souviens encore de son émotion nous criant en arrivant : « Il n'y a plus d'esclaves, il n'y a plus d'esclaves ! ». Malgré mon tout jeune âge, je me sentis transporté de joie et je me mis à danser en répétant les mots libérateurs prononcés par la bouche paternelle.

Le 2 octobre 1853, au décès d'Arago, mon père devait devenir l'exécuteur testamentaire de ses pensées scientifiques et politiques et présider à la publication de ses œuvres posthumes qui sont restées comme des modèles d'exposé et de style. De Victor Schoelcher, mon père demeura l'ami et le confident jusqu'à ses derniers moments. Je fus donc élevé à bonne école pour devenir à l'âge d'homme le défenseur de la race noire et pour ne cesser de la servir par mes paroles, mes écrits, mes actes.

Les événements politiques qui ont sans cesse bouleversé la Guadeloupe, ne sont rien auprès des cataclysmes et les désastres qui ont désolé le sol de cette île infortunée. Les massacres, les pillages, les guerres civiles ne s'y comptent pas. En 1843, le chef-lieu fut détruit par un tremblement de terre suivi d'un terrible incendie. En 1871, la Pointe-à-Pître fut dévorée par les flammes. Il ne faut donc point s'étonner que la vie sociale soit neuve dans toutes ces régions et qu'elle n'ait pu se développer que depuis une cinquantaine d'années où règne enfin une tranquillité relative. Je vais en donner un exemple frappant. A la date du 8 novembre 1909, mon distingué confrère, M. Lucien Descaves, l'un des Décemvirs de l'Académie des Goncourt, m'écrivit pour me demander le renseignement suivant : « Après bien d'autres, je m'occupe de Marceline Desbordes-Valmore et je voudrais combler une lacune dans l'histoire de son existence. Elle partit accompagnée de sa mère à la fin de 1801 et débarqua à la Pointe-à-Pître au moment de la révolte des noirs, qui avaient mis la colonie à feu et à sang. Elles allaient solliciter les secours d'un cousin ou d'une cousine qu'elles croyaient riche. Marceline perdit bientôt sa mère de la fièvre jaune, et fut recueillie par une dame Guèdon par les soins de qui elle fut rapatriée. Que firent ces deux malheureses femmes, la mère et la fille, puis la fille seule âgée de seize ans en 1802 à la Pointe-à-Pitre? Je me le demande et le demande à vos aimables correspondants. » Je fis faire une enquête à la Pointe-à-Pitre même, par M. Oruno Lara. Il en résulta qu'il ne restait absolument rien du séjour de Marceline. Les flammes et les pillages ayant détruit intégralement les archives, les maisons, l'église et le cimetière où avait été enterrée la mère de Marceline.

La floraison intellectuelle qui n'est que le couronnement de la prospérité matérielle et de la tranquillité civile, ne pouvait donc point s'épanouir dans ces lieux si beaux mais si ravagés. L'année 1871 est une date à retenir, car à partir de cette époque nous allons assister à la germination sans cesse croissante d'une littérature guadeloupéenne digne d'attirer l'attention de la mère-patrie. De jeunes hommes fort instruits et pleins d'ardeur ont pris la tête du mouvement. Ils sont parvenus à créer autour d'eux un public, encore peu nombreux, qui grandit chaque jour et qui est devenu assez compact pour les soutenir, s'intéresser à leurs œuvres naissantes et les signaler à l'attention générale. Parmi eux depuis plus de dix ans nous suivons attentivement les efforts et les travaux de M. Oruno Lara. C'est un des benjamins et non pas des moins méritants.

Né à la Pointe-à-Pitre le 20 janvier 1879, il fit très peu de classes. Il fut mis à l'école à l'âge de six ans. Son père mourut l'année suivante. Sa mère restée veuve avec cinq enfants, ne put prolonger leur instruction. Malgré cela, Oruno Lara fut mis à l'Ecole publique des garçons, où il se distingua par la vivacité de son intelligence. A onze ans, il en savait assez pour entrer comme apprenti typo-graphe à la *Vérité*, journal de la Pointe-à-Pitre. Il quitta bientôt l'imprimerie de la *Vérité* pour celle du *Courrier de la Guadeloupe*, organe bi-hebdomadaire. Dans ce milieu conforme à ses aptitudes naturelles, il s'éprit rapi-dement de lectures. Il dévorait tous les livres qui lui tombaient sous la main, étudiait beaucoup tout seul et emmagasinait de grands fonds d'érudition qui sont une des forces de son tempérament actuel. En 1899, de simple typographe qu'il était, il devint un des collaborateurs du *Courrier de la Guadeloupe*, d'où il passa en 1900 à la *République*. Suivant une ascension ininterrompue, en 1901 il devint rédacteur en chef de l'*Indépendant de la Pointe-à-Pitre*. Il collabora successivement à la *Démo-cratie*, la *Vérité* et l'*Emancipation*. Entre temps son nom avait franchi l'Atlantique et avait brillé dans les colonnes de *Paris-Province;* le poète Charles Fuster l'y remarqua et lui demanda de contribuer à son Anthologie des Poètes de 1901, qui fut couronnée par l'Académie de Rouen. A ce contact, Oruno Lara sentit s'allumer en lui l'étincelle de la poésie. A partir de ce jour, il allait se dédoubler et manier avec virtuosité la prose et les vers. A cette même époque, il publia *l'Année Fleurie*, puis en 1903, *Guadeloupe et Martinique*, pièce lyrique dont la musique fut composée par Armand Froleud. Puis viennent l'*Idylle Rose* en 1907, les *Fleurs Tropicales* en 1908. Cette dernière publication constitue la première et unique anthologie des poètes de la Guadeloupe. Est-il nécessaire d'ajouter que ce travail très documenté coûta à son auteur beaucoup de recherches. En 1909 apparaissent les *Emblêmes;* enfin, en 1911, il publie un excellent petit volume intitulé : l'*Art des Vers* et qui constitue comme le code de la versification nouvelle. Entendons-nous, quand je dis versification nouvelle, j'applaudis aux préceptes de M. Oruno Lara qui cherche à concilier les règles de la prosodie classique avec les aspirations de la jeune poésie contemporaine, qui tend à donner plus d'élasticité à la structure des vers.

Une activité incessante anime M. Oruno Lara, il sait mener de front les travaux intellectuels et les affaires auxquelles il donne un caractère nouveau. Il fonde, en 1907, à la Pointe-à-Pitre, l'*Imprimerie littéraire*, il crée un organe hebdomadaire sous le nom de *Guadeloupe littéraire*, dont le succès va toujours en croissant, sans compter d'autres publications consacrées à l'instruction. Il trouve encore le loisir de collaborer au *Nouvelliste*, organe politique, fondé par son frère aîné M. H. Adolphe Lara, membre du Conseil général de la Guadeloupe et qui est aussi un écrivain très distingué, mais surtout un homme d'action, un orateur dissert et un économiste avisé. Tous ces services signalés rendus à la France et à pensée française, méritaient bien les palmes académiques que le gouvernement français a décerné à notre confrère le 14 juillet 1911. Du même coup il devenait dans son pays représentant de la Société des auteurs dramatiques et membre adhérent de notre puissante Société des gens de lettres de Paris.

Ainsi qu'on le voit, M. Oruno Lara a éparpillé ses efforts sans songer, tout d'abord, à produire l'œuvre qui compte dans la vie de l'homme. Il s'y préparait cependant, car nous avons reçu de lui, il y a quelques mois, le manuscrit de l'ouvrage que nous présentons aujourd'hui au public, et qui constitue comme un tableau très vivant des mœurs et des aspirations de la Guadeloupe, si loin et si près de nous en même temps. L'auteur s'y révèle comme un excellent prosateur, respectueux de la langue française et n'oubliant pas qu'il est créole et qu'il se doit avant tout à son éducation et à sa nature. En effet, la tournure de sa phrase est savoureuse, émaillée de jolies expressions de terroir. Sous le titre synthétique de : *Sous le Ciel Bleu de la Guadeloupe*, il a réuni un certain nombre de ses impressions, de ses aventures personnelles et des observations prises sur le vif des hommes et des choses de son entourage.

Après avoir lu ces pages colorées et simples, on aura vécu dans le milieu qu'elles dépeignent fidèlement, les lecteurs seront devenus même un peu Guadeloupéens et pour beaucoup d'entre eux ils auront fait la découverte de ces parages enchanteurs. C'est avec raison que le titre est indicatif et qu'il contient le mot Guadeloupe dans sa composition. En effet, il est plus d'un ciel bleu sous l'empyrée terrestre, bien différents les uns des autres. Le ciel bleu de la Provence et de la Côte d'Azur, le ciel bleu des Pyrénées, le ciel bleu de la Touraine ne ressemblent guère au ciel bleu de l'Afrique, au ciel bleu des grandes Indes. Les premiers ont de la douceur ; le ciel africain est dur et tyrannique. Quant au ciel bleu des régions du nord, il est constamment voilé, recouvert d'un tulle. Mais de tous les ciels bleus du monde, le plus paradisiaque est celui des Antilles. Il est d'une harmonie parfaite. C'est vraiment l'écharpe d'iris enveloppant une nature exubérante et lui donnant une teinte bleutée. Les nuits sont tellement claires que les maisons y paraissent transparentes. La chaleur y est forte mais point étouffante, car elle est constamment rafraîchie par les brises terrestres et les embruns maritimes. Le panorama est vaste, la végétation luxuriante, les oiseaux charmants, la vie y est douce, la population gaie et hospitalière.

Toute ces merveilles sont décrites dans l'ouvrage de M. Oruno Lara. Les partisans de l'exotisme trouveront dans sa lecture une pleine satisfaction à leur désir un peu étroit, mais très explicable. En effet, nous possédons toute une classe de critiques qui veulent emmurer les écrivains exotiques dans la seule et unique description de

leur splendide nature et dans le récit des mœurs locales.
Ces critiques défendent à ces derniers toute incursion
dans les idées générales, dans le domaine de la philosophie et des problèmes sociaux qui harcèlent aujourd'hui
l'esprit humain. C'est exagéré et ces critiques me paraissent ressembler à Napoléon Ier félicitant Bernardin de
Saint-Pierre sur une de ses œuvres et lui disant : « Vous
devriez nous donner tous les six mois une *Chaumière_
Indienne* ».

D'ailleurs il faut prendre garde à l'accoutumance. Le
spectateur qui a toujours sous les yeux le même décor
finit par ne plus ressentir toutes les merveilles et serait
incapable de les décrire indéfiniment. Il faut donc que
son esprit s'émancipe, d'autant plus qu'aujourd'hui avec
l'accélération sans cesse croissante des moyens de com-
munication — vapeur, électricité, aviation — les intelli-
gences doivent communier et se servir les unes les
autres.

M. Oruno Lara qui nous apporte une œuvre exotique,
nous a donné la preuve dans sa vie de journaliste qu'il
était très capable de toucher aussi à tous les problèmes.
Il se rapproche en cela des écrivains Haïtiens qui se sont
révélés récemment, et qui tels que Etzer Vilaire et
Edmond Laforest, ont publié des poèmes remarquables
dans lesquels sont notées les aspirations et les agitations
de l'âme contemporaine. On a classé sous le titre de littérature *antiléenne* cette belle renaissance littéraire de la
République d'Haïti. Nous réservons le nom de *littérature*

antillaise au mouvement intellectuel qui se produit dans nos propres colonies. D'un côté, nous aurons donc à faire l'histoire des écrivains Français de l'étranger, et à établir celle des écrivains nationaux dans ces régions tropicales, appelées à un avenir prochain des plus brillants.

En effet, nous pouvons appliquer à nos petites Antilles le jugement porté par ce grand Français qui se nomme Augustin Filon, et qui publié dans le *Journal des Débats* a eu un retentissement si prolongé. « Pourquoi Haïti, que le percement du canal de Panama va placer au centre du monde, au croisement de toutes les routes ne deviendrait-elle pas le noyau d'une confédération antiléenne, où la race noire pourrait enfin montrer au monde tout ce qu'elle contient de germes bienfaisants et de virtualités héroïques. » Mais n'oublions pas que nous sommes ici aux Antilles françaises, prolongement occidental de notre patrie, que la race noire de la Guadeloupe et de la Martinique est nationale. Nous lui devons donc une aide encore plus efficace. Sur cette grande route maritime du monde la première escale sera, si nous le voulons, la Guadeloupe. Car notre colonie possède, à la Pointe-à-Pitre, les éléments naturels d'un port, qui pourra être aménagé facilement pour donner asile aux plus grands navires. Le développement commercial s'y trouvera accru considérablement et, comme conséquence forcée, les arts, les lettres et les sciences y fleuriront magnifiquement.

Nous devons donc, dès aujourd'hui, accueillir à Paris et

en France, les œuvres de l'esprit qui naissent sur ces terres éloignées. En les prônant, c'est le meilleur encouragement que nous pourrons donner à ces jeunes auteurs, qui désormais ne végéteront plus dans l'isolement. Déjà une première fois, le 15 décembre 1910, dans une séance solennelle, organisée à la Sorbonne par l'Alliance française, on a pu réunir et célébrer, aux applaudissements d'une foule compacte, les écrivains de nationalité belge, canadienne, haïtienne, roumaine, russe et suisse, qui ont choisi la langue française pour composer leurs œuvres de prose et de vers.

Dans un lustre prochain, nous avons le ferme espoir de glorifier à leur tour les hommes de lettres de nos colonies. Au nombre de ces derniers, on verra briller M. Oruno Lara, notamment comme poète, car nous savons qu'il a en préparation un recueil des plus intéressants, inspiré des mœurs et de la nature de son beau pays.

Paris, le 31 mai 1912.

Georges Barral.

Sous le Ciel Bleu

DE LA

GUADELOUPE

—

I

En Ballade.

I

LES GRANDS-FONDS.

Je n'étonnerai personne en disant que nous-mêmes qui y vivons, nous ne connaissons pas notre pays. En effet, nous ne voyageons pas du tout au sein de la petite île qu'est pourtant la Guadeloupe ; certains meurent sans avoir connu d'autres endroits que leur commune d'origine, avec quelques-unes environnantes ; quant aux excursions dans les campagnes on n'y pense même pas ; c'est là cependant que se trouvent les beautés réelles de notre sol merveilleux ; et l'on ne connaît ainsi rien des lieux les plus pittoresques, des endroits les plus caractéristiques de notre île.

Qui n'a entendu, à la Grande-Terre, parler des Grands-Fonds, ceux surtout de Sainte-Anne et du Moule. C'est tout près de nous, et pourtant ces endroits sont parfaitement ignorés. Ils gagneraient à être connus, et on gagnerait à les connaître. Partout ailleurs, on organise des promenades d'excursionnistes pour faire connaître les beautés du pays natal ; notre île est grande comme la main, un peu d'émulation suffirait à créer un courant qui la ferait, j'en suis sûr, apprécier et chérir davantage.

Nous partions, mon cousin et moi, de la Pointe-à-

Pitre, et l'on nous regardait passer avec un peu d'étonnement, sur nos chevaux caparaçonnés de même, avec nos larges casques cerclés de noir, toujours semblables, quittant la ville pour quelque voyage à travers les campagnes, dans une équipée heureuse qui durait des jours. Nous allions tout droit à Sainte-Anne, la commune hospitalière, suivant cette longue route qui borde la côte de cette partie de notre île, comme une blanche ceinture, avec l'éternelle rumeur des vagues battant le sable étincelant des grèves ; et nous montions vers les mornes des Grands-Fonds, par des chemins tourmentés, bordés d'acasias en fleurs, nous retournant parfois sur les faîtes pour regarder derrière nous dans le lointain, dans des éclaircies de terres et d'arbres, la mer immense et bleue, s'étendant sous le ciel diamanté.

Bientôt nous étions dans les Grands-Fonds de Sainte-Anne : des cases rapprochées au bord de la route empierrée qui coure rapide et sinueuse, « une petite commune », s'il vous plait ! avec sa maison d'école et sa population d'à peu près trois cents habitants. « Il y manque une petite église », dit ma bonne mère dont c'est le pays natal. Pour moi, ce qui y manquent ce sont les routes faciles. L'existence y est rustique et calme, tranquille et reposée, familiale surtout. Et nous mettons pied à terre, dans un cadre superbe, fait de verdures et de ciel, tandis que tout flamboie sur nos têtes, dans un vaste embrasement, bleu et or.

C'est là que j'ai assisté, le fait est trop typique pour

que je ne le rappelle pas, à un de ces enterrements
pittoresques des campagnes; suivant dans un trot
brutal, la foule des cavaliers et des femmes descendant
par les sentiers abruptes, vers Sainte-Anne, le cer-
cueil porté « à tête », comme suspendu, tenant par un
miracle d'équilibre, dans l'échange « au vol » des por-
teurs, ondulant et secoué selon les caprices de la route
où tous couraient au devant des chevaux, dans un clapo-
tement de pied nus. Déjà au bourg on avait préparé la
chapelle ardente, et aussitôt arrivé, avec le ministère
du prêtre, le cortège s'était formé, s'en allait, composé beaucoup de femmes, attachant hâtivement leurs
jupons, dans des toilettes furibondes. Des instituteurs
regardent sceptiques passer le convoi. Des bouquets.
Des cierges. De grands signes de croix. Sur l'heure,
on s'en retournera encore plus vite, pour mettre le
malheureux en terre, tandis que les bois s'emplissent
de bruits mystérieux et d'ombres bizarres. — Et nous
voici en ces mêmes lieux, ayant fait les mêmes sentiers, au milieu de nos amis, cependant que nos bêtes
déharnachées tirent sur leur corde, propension muette
vers une eau problématique.

Notre présence occasionnait des fêtes familiales;
l'oncle Amilcar nous faisait une réception chaleu-
reuse, dressant la table avec un geste seigneurial, et
je le revois encore, l'oncle défunt, installé dans sa
berceuse au devant de la nappe, robuste et gros, les
cheveux courts grisonnants dans sa cinquantaine, de
larges favoris en broussailles, pointant sur moi ses
yeux noirs, rieurs et pétillants, dans des questions

enthousiastes. Parfois aussi nous dansions. Oh! pas de salle éclairée *à giorno* ni d'orchestre bruyant : la lampe ordinaire, un violoncelle, un tambour de basque, et mes cousines simples et gaies, tout le monde marquant le pas « au commandement », avec des chuchotements et des rires; et la campagne, à l'entour, dans le soir tiède et mort, nous écoutait, étonnée de cette soudaine fête. La nuit avançait. Fini, le bal. Et avant de nous en aller coucher, nous sortions une dernière fois, pour contempler encore le ciel, l'immense coupole pleine d'astres, dressant ses colonnes d'ombre sur la nature endormie.

Nous partions à l'aube, allant dans les Grands-Fonds du Moule. Nons dévalions par les mornes, grimpant par des sentiers à pic où s'arrêtaient brusquement nos chevaux essoufflés. Le jour montait. Et c'était bon. et c'était délicieux, et nous frissonnions en traversant des morceaux de brume poussés par le vent matinal, nous émergions dans des lambeaux de soleil luisant et doux, pour replonger encore dans la froide atmosphère où nous grelottions, entre les feuillages trempés par la rosée, et moi, je ne pouvais pas, et nous partions pour nous réchauffer, avec des appels et des rires, dans un galop furieux, par ces sentiers tordus, risquant cent fois de nous casser le cou...

Les Grands-Fonds du Moule sont encore plus attrayants que les Grands-Fonds de Sainte-Anne. Par exemple, des mornes superbes, et des « fonds » à donner le vertige! Et le tableau s'étend là-bas, là-bas, à l'infini, une mer de verdures, un tapis immense, ondoyant, coupés de manguiers noirs, d'arbres-à-pain échancrés, de cocotiers rabougris, de goyaviers aux fleurs s'étoilant, dans l'éternel soleil. D'espace en espace, des cases couvertes en aissantes ou en paille, ouvertes à tous vents, où montent des voix aigrelettes de femmes et d'enfants. Des buissons pleins d'oiseaux. Et tout cela luit d'une splendeur, d'une richesse de teintes et de vie, inconnues à nos yeux d'habitants de ville, une lumière, une exubérance, une ivresse qui donnent un attendrissement indicible.

J'ai vu un duel dans ces parages. Je m'en souviens : nous arrivions sur la crête élevée juste au moment où en bas, les deux adversaires, armés de longs fusils, couchés en joue, brûlaient inutilement leur poudre, en un fracas répété par l'écho, et couvert de cris, tandis que le soleil, dans une dernière gloire, tout au ras du morne, opaque et sanglant, se mourait lentement... Nous nous précipitâmes dans la descente. Quelle chevauchée! Les chevaux, crinière au vent, ruaient et bondissaient, et leurs cavaliers, les jambes arquées, tressautaient sur la selle comme des lanciers moscovites; des femmes, des enfants, tout ce monde coulant par l'interminable sentier, en une course plutôt joyeuse, vers la fête et la ripaille!

Aux Grands Fonds du Moule il y a aussi une maison d'école. Les cases sont plus disséminées. A part les cultures vivrières, des étendues de cannes dressant leurs hampes infléchies, pressées par la brise. C'est l'après-midi. Nous chevauchons par des routes au long des mornes, creusées en ornières; et les enfants qui sortent de l'école se montrent nos étriers et nos longs éperons de cuivre, et ils nous suivent en courant pendant des kilomètres, car ils en font plusieurs, matin et soir, pour aller à l'école et en revenir.

Nous débouchons sur la route qui mène au Morne-à-l'Eau. Nous hâtons le pas fatigué de nos bêtes, et dans un brusque détour de la route, nous entrons aux Abymes, la commune coquette, avec sa petite église et son marché couvert, encadré de sabliers. L'heure nous presse, nous ne répondons pas aux appels d'amis surgissant des portes. Un temps de trot, au contraire. Sur la route blanche où la brune déjà descend, montent des poussières grisâtres, dernières bouffées du vent qui s'endort. Des tintements lugubres au lointain. C'est le soir, c'est le soir; déjà la nuit, elle tombe, s'étend; et brusquement, comme avec deux yeux de cuivre clignotants, arrive sur nous une voiture dont les fanaux font danser l'ombre. Voici la ville. On dirait à voir l'alignement lointain des réverbères, une ligne de points d'or. La cité bruyante s'apaise. Et nous arrivons. Ayant pour quelques jours encore comme une odeur d'herbes, de feuilles, d'oiseaux, de grand vent et de liberté dans nos vêtements et dans nos cœurs!

II

FÊTE DE BOURG.

C'était dimanche la fête du Gosier ; et dans la petite commune brûlée de soleil, placée avec ses cases en cet endroit abrupt de notre Guadeloupe, entre les falaises surmontant la mer bleue et les mornes aux végétations rabougries. Dans la petite commune étageant ses maisons aux deux côtés de la route, la population était en joie.

Ces fêtes de bourg qui tendent à disparaître, n'ayant plus leur enthousiasme d'autrefois, conservent pourtant un cachet local pittoresque. On ne sent pas toujours l'originalité quand on y vit. Mais rien n'est plus populaire et sincère en même temps. Les habitants font les honneurs du lieu, par des visites et des réceptions à n'en plus finir. La rue est pleine de toilettes campagnardes : des femmes endimanchées dans leurs jupons « piqués haut », des fillettes le foulard serré sur la nuque, des garçonnets aux chaussures douloureuses... Très gentilles quand même ces fillettes gauches, avec leurs yeux noirs profonds, où pétille toute l'ardeur créole ! Le soir ce sont elles qui, dans les salles hâtivement décorées, tournoient comme des sylphides au bras de leurs cavaliers, au ronflement du tambour de basque.

A l'encontre des plaisirs qui n'ont pas de lendemain, ces fêtes, elles, en ont. Le jour suivant se lève

et les musiques des derniers bals s'éteignent; on
décide les parties au bord de mer. Il y a foule bientôt
sur tous les endroits du rivage. Des plongeons, des
cris et des rires! Quelques notes d'accordéons. Le
soleil épand ses flammes sur cette joyeuseté, à l'ombre des arbres crochus, raisiniers et catalpas de la
grève. Et le risible, l'original, est le sans-gêne de
certains cavaliers qui par groupes, galopant par le
bourg, arrivent parfois jusqu'au bord de la mer, épar-
pillant des quatre pieds de leurs petites bêtes le sable
spongieux, et vont et viennent, mettant pied à terre
enfin après forces priéres, mais pour conserver les
équipements de leurs montures, et gardant leurs longs
houseaux, toujours prêts à recommencer...

La fête la plus sensationnelle est celle de la Baie-
Mahault où l'on brûle le *Bois Saint-Jean,* où les
brocanteurs de chevaux se donnent rendez-vous pour
leurs entreprises patibulaires. La cérémonie du *Bois
Saint-Jean* n'a plus son cachet aristocratique et
émouvant d'autrefois. On ne s'y intéresse plus avec
la même simplicité. Sur la petite place, au long des
palmiers, se dresse le bucher où le feu est mis en
l'honneur du Saint évangéliste, pauvre martyr tant
poursuivi par la furie d'Hérodiade... Mais la foi est
morte, et ce n'est pas peu dire! — La brune tombe,
et c'est l'instant où les propriétaires de chevaux
doivent ouvrir l'œil, et le bon. Les trocs trop hâtifs
sont renversants. L'on est bien heureux quand, ayant
cédé à certains conseils et pourparlers, on ne reconnaît pas, au retour, en s'arrachant les cheveux après

l'affaire, que la bête obtenue, si elle n'est pas de bois, tel le fameux cheval des Grecs d'Homère, du moins en a toute l'immobilité...

Au Moule, la fête véritable a lieu à *la Baie*, dans l'immense échancrure du rivage, où s'étend la mer claire en des miroîtements de sables brûlants.

A la Basse-Terre, c'est la fête du Carmel, la fête des cérémonies et des ostentations.

A Sainte-Rose, la fête des pèlerinages.

A la Goyave, la petite église lointaine sonne à toutes volées tandis qu'on dépèce le *courbouillon*.

Au Petit-Bourg, la commune coupée en deux, avec le débarcadère d'une part et l'église de l'autre, l'on monte vers les hauteurs pour s'en retourner ensuite à la course, les jambes cassées, avec les sifflets du bâteau aux oreilles.

A la Pointe-à-Pitre, tout dernièrement, on a fêté, en d'interminables processions, en souvenir des saints Pierre et Paul, dont Néron se fit le plaisir cruel de la torture et du martyre, au sein de sa cour de jouisseurs et de débauchés...

C'est en revenant d'une fête de bourg, d'une fête semblable, au bord des falaises bretonnes, telles les falaises du Gosier, que Gaud et Yvan les héros de Loti, qui s'aimaient en secret, se regardèrent et se décidèrent à un bonheur non vécu. Le vent tout le jour avait battu les grèves. Le soleil se mourait. Le ciel était sombre. Ils s'en revenaient de la fête, Yvan et Gaud, et malgré eux, leurs yeux, persistaient à se rencontrer, leur voix se faisaient plus douces, leur

cœurs battaient précipitamment... Plus tard unis, la
mer cruelle les sépara... — C'était dimanche la fête du
Gosier. Puisse au retour de la fête, au coucher de
notre soleil d'or sur le ciel d'opâle, le long des raisiniers, par les sentiers étroits, l'idylle créole s'étendre
encore plus touchante que celle des pêcheurs
d'Islande, l'amour ainsi fleurir sincère et jeune, avec
autant d'espoir et plus de bonheur !

III.

LA DANSEUSE

Souvenir de carnaval

C'était en février 1899. Le Carnaval allait finir. Ce
soir du mardi gras était vraiment un soir de fête : sous
le ciel étoilé, la ville heureuse était débordante de
lumières et de musiques. Les rues étaient pleines
de promeneurs. On s'arrêtait sur les trottoirs éclairés
sans se lasser d'amirer l'entrain des danseurs et leurs
travestissements.

Dans la vaste salle de la Société « Saint-Denis »,
société alors de plaisir par excellence, plus connue à
la Pointe-à-Pitre sous le nom les *Roses Fanées*, les
quadrilles se succédaient, et la populace grouillante
au devant des portes, s'extasiait à voir le jeu savant
des couples tournoyant et s'entrecroisant, aux accords
de la fanfare, glissant comme des sylphes amoureux...

Je m'étais arrêté dans un groupe de spectateurs, et comme tout mon plaisir est, non de danser, mais de voir danser, la foule s'était presque écoulée avec l'heure, que j'étais encore là goûtant un bonheur facile.

J'allais définitivement quitter la place, quand un mouvement dans la salle me retint, mouvement dû à l'arrivée d'une danseuse, qui, aussitôt après avoir ôter son collet, se mit à tournoyer au bras d'un valseur, avec un charme qui me séduisit bien davantage. Tous les yeux étaient fixés sur elle ; elle valsait à ravir, mais les danses se succédant, elle déploya une grâce, un art qui acheva d'enlever les suffrages, et plus on l'admirait plus elle montrait de charme ; c'était une ivresse, un ensorcellement pour moi qui l'admirais à mourir, car je frémissais à la voir, et elle dansait, dansait, légère et belle, comme une coquette libellule, comme un beau papillon de gaze, comme une de ces figures idéales levées dans les bleus de mon rêve...

« Qui est-ce donc ? » demandai-je à côté de moi. On me dit : « *C'est A... la danseuse* ». Je n'y compris rien. Je me contentai de voir, de regarder de toute mon âme celle que la salle avait reçue avec un murmure de joie, celle que tous admiraient parmi les acteurs eux-mêmes, celle dont la danse était si belle que la musique s'adoucissait quand elle marquait le pas... Elle était brune, un amoncellement de cheveux noirs, des yeux ronds pétillants, un heureux sourire ; ses pieds chaussés de satin blanc touchaient le parquet à peine ; sa taille moulée dans un corsage bleu clair se cambrait à l'étreinte du danseur ; une ceinture de gaze mettait des frissons autour d'elle. Elle passait parfois tout au-devant de moi… Et je ne m'en allais pas, avide de la voir toujours, cette femme qui maintenant captivait mon jeune cœur enthousiaste, dans un décor de lumières. de langoureuse harmonie, parmi des parfums grisants…

Les fanatiques du Prophète, quand ils avaient été à la Mecque une fois en leur vie, après avoir contemplé le tombeau de Mahomet, se crevaient les yeux pour ne pas salir le sublime d'une telle image par la vue d'autres choses… Je m'en allai songeur par les rues maintenant désertes, avec toutes les flammes de l'amoureuse vision dans le cœur, ne daignant pas regarder sur mon passage les autres réunions dansantes, comme si la pensée d'une semblable distraction eut été un sacrilège ! J'entrai fièvreusement. Je ne dis pas que je me couchai sur l'heure ; je ne jure point n'avoir écrit, — péché de poète, — quelque ballade ou quelque fou madrigal. Somme toute je me réveillai le lendemain assez maussade.

Je parlai discrètement de « la danseuse », si discrètement qu'un mien ami, un doigt sur la bouche, avec un sourire mystérieux, me dit : « *Je te la ferai voir, c'est A…* » J'eus un soubresaut dans le cœur, « il me la ferait voir… » j'avais aussitôt la chair de poule, et comme le Ragueneau de Cyrano, déjà je me sentais « m'amollir comme une serviette »… En effet, dans l'après-midi du jeudi, après malgré moi un coup d'œil au miroir, car je ne parvins pas en dépit de mes efforts à me faire un esprit distrait, je suivis mon ami qui m'accablait, en me parlant de toute autre chose que de l'objet de notre visite, ce qui me mettait encore intérieurement plus mal à mon aise; nous voici heurtant prosaïquement une petite porte du boulevard Chanzy...

« Entrez » fit-on au dedans.

O plume! donne-moi le courage d'écrire ce que j'ai vu, et si mon cœur infidèle se refuse à la description de l'ange entrevu, du moins que ma mémoire sincère te serve à le faire! Et vous, couleurs qui recouvrez les lèvres, rubans qui faites gonfler les cheveux, poudres qui rafraîchissez le teint, jeux savants qui faites les charmes, dentelles, parements, froufrous, colifichets de toutes sortes qui faites l'ampleur et la grâce, avouez votre audacieuse complicité pour filouter mon cœur!... — Mon ami me présenta. C'était Elle! Elle, avec des yeux rouges, des lèvres sans fard, la figure amaigrie, vieille, traînante, déhanchée, dans son peignoir trop long, qui me tendit la main! Elle, une vieillotte horrible au jour!... Le papillon du soir était une chenille au soleil, la figure idéale de mon rêve n'était qu'une figure de Holbein... Je balbutiai un compliment, et me laissai choir sur une chaise...

J'ai compris depuis : elle ne dansait plus dans un décor factice, et le charme était rompu. Mais mon cœur de grand enfant en a saigné douloureusement. Alphonse Karr a raconté une scène de désillusion presque semblable que l'auteur de la *Dame aux Camélias* a renouvelée. J'ai conservé le souvenir de

ce Carnaval. Allez croire après à l'art! « Vertu, tu
n'es qu'un nom! » disait le vaincu de Philippes,
n'était-ce pas pour mon cœur ardent une défaite aussi
typique où j'aurais pu m'écrier dans l'amertume et le
regret du moment! « Art, tu n'es qu'un nom ! »

IV

CHEVAUCHÉE

Souvenir de Papin, Abymes.

Le soir déjà assombrissait les *fonds* où des manguiers noirs, des pommes-roses vert-de-grisées s'ac-
croupissaient près des mares brunes, quand Merville
me sella sa jument, Très-heureuse, en échange de
ma monture qu'il gardait.

— « Laissez-moi votre cheval, m'avait-il dit, et
prenez Très-heureuse. J'ai besoin de sevrer son petit.
Il faut l'envoyer quelque part. Vous la garderez deux
semaines, et me l'amènerez après. Partez avec elle,
seulement prenez garde, si vous rencontrez des cavaliers, ne chevauchez pas avec eux : la jument est folle
quand elle a chaud et pense à son petit... »

J'étais en train de boucler mes houzeaux, puis mes
éperons, je fis oui de la tête. Très-heureuse, debout,
devant l'encadrement de la porte, roulait des yeux
larges et dressait les oreilles d'inquiétude.

Merville dut être rassuré sans doute en me voyant

partir. A peine avais-je touché l'étrier que j'étais déjà
en selle et malgré les sauts furibonds de Très-heureuse, je pris le sentier de la descente, faisant adieu
de la main une dernière fois, avec aux oreilles une
nouvelle recommandation de mon ami : « Prenez
garde à la jument ! » et je me perdis entre les citron-
niers, trottant par les sentiers de Papin, vers Bori-
caud, pour sortir dans les Quatre-chemins.

La nuit arrivait bien vite. Très-heureuse me
réveillait parfois de mes songeries par un brusque
écart, mais elle allait bien la jument. Elle était seulement peureuse et déréglée. A Chazeau, je vis devant
moi deux cavaliers qui s'en allaient également vers
les Abymes. Je me hâtai de les rejoindre. Nous trot-
tâmes quelques instants de concert. Je pressai pour
les quitter, ils pressèrent pour me suivre. Je piquai
violemment ma bête. Mal m'en prit. D'un bond pro-
digieux, et tandis que mes compagnons jetaient un
cri de surprise, la jument s'enleva, sauta le fossé
à droite, partis avec moi dans les halliers. Je n'eus
que le temps de me retenir à la crinière ; les arbres,
la savanne, tout fuyait, l'animal voltigeait avec des
bonds qui me brisaient les reins, me coupaient la
respiration, pris d'une rage endiablée, au risque de
se rompre ; mon cœur battit quand je pensai aux
paroles de Merville : la jument était folle !

Non ! rien ne peut exprimer cette course extrava-
gante ! J'essayai vainement de me servir du mors.
Cela m'étonna. Regardant qu'elle fut ma terreur
de voir que la gourmette avait sauté du crampon, et

battait les yeux, la machoire du cheval qu'elle affolait davantage... Dès lors, j'étais à la merci de la bête. Nous allions comme une trombe. Un trou, un tronc d'arbre, une roche, et nous nous écrasions tous les deux. J'avais toutes les peines du monde pour ne pas tomber. C'était une galopade impossible avec des bonds brusques. Et la lune, tout là-bas, riante et amoureuse, montait, éclairait mon épouvante, et dans mon esprit tout tournait, mes oreilles tintaient, me faisaient un mal atroce, comme si on remuait affreusement ma cervelle dans ma tête.

L'idée de me jeter à bas ne me vint pas; je me serais tué. Mais je compris que je ne tiendrais pas longtemps ainsi. Mes pieds avaient perdu les étriers qui battaient les flancs du coursier. Mes yeux brûlés par l'air s'emplissaient d'eau. Mon estomac se brisait dans des sifflements rauques. Je sentais que mes oreilles saignaient. Je me croyais assez bon cavalier pourtant. Mais ici, ce n'était pas de l'équitation, non! cette jument folle, sautant les goyaviers comme des herbes, passant sous les branches au risque de me fendre la tête, me brisant les reins, les jambes, les côtes par des bonds impossibles, cette jument n'était pas une bête montable! Une branche me heurta au visage, un saut de côté ou je sentis s'arracher mes poumons me fit jeter un cri, mes yeux se voilèrent, j'allais lacher... Deux fanaux, un cliquetis, des cris, un coup de fouet qui me cingla violemment le corps en passant, me fit me ressaisir, je compris : je fuyais maintenant sur la grande route, à contre-sens d'une voiture où l'on avait essayé en vain d'arrêter ma course par un coup de fouet mal dirigé ; sur la route blanche, Très-heureuse, à présent, dévorait l'espace ; je poussai un cri de joie...

C'est en face du cimetière de Grippon, dans la montée, après avoir fait plus de quatorze kilomètres en un rien de temps, que je parvins, raidi sur les brides, à arrêter la jument couverte de sueur, en la jetant sur un mur. Elle s'arrêta frissonnant de tout le corps. Je sautai à terre. Je dus m'appuyer au mur de faiblesse. Je jetai un regard de remerciement à la demeure des morts... J'inspectai mon harnais. Je rattachai la gourmette. Et je remontai en selle. Très-heureuse maintenant, semblait se refuser à toute escapade brutale, et j'eus le plaisir, les étriers chaussés profondément et la gourmette dure de lui faire sentir mes éperons.

Quand je ramenai la jument à Merville, je lui racontai le fait. Je fus surpris de son attitude dépitée. Merville en badinant me montra une large cicatrice qui lui fendait le crâne. « C'est de la folie de Très-heureuse, me dit-il, en riant... », et son rire était mauvais, Je regardai dans les yeux le campagnard roublard et madré et je flairai un mystère... — Le soleil éclatait dans sa splendeur d'or. La campagne fumait ; les arbres, les feuillages s'entrouvraient pour aspirer la brise ; tout embaumait le succès de la vie. J'enfourchai mon cheval, et dans un demi cercle qui aurait fait honneur au meilleur écuyer, je contournai la descente, dans une pose superbe, rêvant aux amours heureuses, avec un secret orgueil...

V

RÊVE D'UN JOUR.

Carrère, avant Viard, en face de Rougeole, au bord de la rivière Moustique du Petit-Bourg, est une de ces villas qui prêtent au rêve dans la solitude et le charme de la campagne. Le voyageur qui revient de Goyave, sur la route coloniale, voit émerger au dessus des herbes vertes les versants, brillant au soleil, de la toiture couverte en tôle. Cela a un ton discret et gai. En haut du mamelon, la maison entourée d'une large terrasse autour de laquelle se balancent des fleurs, ouvrent ses larges portes, hautes et claires, comme pour dire à ceux qui arrivent : « Entrez donc, c'est ici la paix et la joie du cœur ! »

Les premiers jours de notre installation à Carrère furent pourtant maussades. De soudaines pluies changèrent les routes en chaussées de boue. Les terres grasses et rouges détrempées rendaient impossible toute sortie. Le vent chassait affreusement. Ce n'était pas gai de rester ainsi à reluquer le ciel gris, dans l'espoir toujours déçu d'un temps meilleur qui se faisait bien désirer.

Le soleil heureusement reparut, et avec lui les plaisirs convoités. Les terres se durcirent. Nous montâmes par la route rouge qui conduit à Montebello... « Voulez-vous voir Blondes, nous dit notre guide, en nous désignant sur la gauche, un large bâtiment?... C'est la maison du revenant... » Le mot revenant éveilla notre curiosité. Et nous voici engagés, sur un pont branlant jeté sur un fossé qui est bien prêt d'être un précipice. De fluets cocotiers inclinent leurs grappes sur le gouffre. Mais voici le gardien de la villa désertée, et c'est lui-même qui nous conduit par les salles sombres et sonores, veuves de meubles, en racontant la légende :

« Il y a longtemps, bien longtemps, un propriétaire des Blondes se fit sauter la cervelle en se tirant un coup de fusil sous le menton. Tenez, là, dans la pièce du fond, contre cette fenêtre qui ne s'est jamais ouverte...

— Et depuis ?

— Depuis, chaque soir, on y entend le même coup de feu, avec des gémissements et un bruit sourd comme celui d'un corps qui tombe... »

Nous voici revenus sur la route. Tout en haut, comme un bouquet de fleurs rouges, les flammes du soleil qui se couche, au dessus des montagnes lointaines, empourprent l'horizon bleu. Des champs d'herbes vertes frisonnnantes plaisent à l'œil, tandis que se prononce le ruban sombre de la Moustique qui roule ses eaux lasses entre les rives de terre glaise, pour disparaître sous le pont rouge là-bas. Des nuées de moustiques arrivent avec la brune ; rentrons vite pour brûler de la paille et les chasser à force de fumée.

Vous savez que le bain de la Moustique est tiède le soir ? C'est que la rivière roule sur un fond de galets qui n'est pas du tout profond, sauf en certains endroits; et le soleil dardant ses feux, au haut d'un ciel resplendissant, à bientôt fait d'échauffer son lit pendant le jour. Depuis midi, l'eau s'attiédit. A la brune, elle est meilleure, et certains soirs, au clair de lune, on peut aller, comme dans une partie unique, s'y plonger tout craintif et tout heureux, tandis qu'à l'entour frissonne la campagne refroidie.

La Moustique a bien des légendes. Des sinistres affreux les jours de débordement. Mais je préfère celle qui me fut contée par une lavandière, un jour de soleil, où je m'étais égaré le long de la berge, faisant collection de cannes de bambous :

« Eh! oui, comme vous voyez l'eau qui coule tout près, c'était un endroit comme ça, avec l'écume chantante parmi les herbes et les galets. Elle lavait comme je lave à présent; c'était son plaisir du matin au soir. Elle était belle, coquette, avec une manière de montrer des bras ronds qui vous faisait rêver, vous comprenez?... Un jour l'eau emporta une pièce de linge, elle courut après, mais l'objet s'était engagé parmi l'écume chantante, entre les herbes et les galets, et quand elle y arriva, un pâle jeune homme, avec des cheveux sombres comme l'eau de la rivière, des yeux verts comme les herbes d'alentour, vêtu de bleu comme la chimère ou le rêve, était sorti brusquement de l'onde, et la prit par la main... Elle n'en est plus revenue. Autrefois la rivière était noire et ne riait jamais C'est depuis ce jour que des sourires d'écumes la couvrent, qu'on trouve des boutons d'or

partout au bord de ces rives gaies, ce sont les mar-
ques du bonheur des épousés... »

Je me sauve précipitamment. Le jeune homme pâle,
pour une fois, ne pourrait-il pas bien surgir à ma
lavandière tout bonnement des bords mêmes de la
rive ? Ce ne serait pas moins légendaire. Mais le soleil
est de feu, la terre rouge de la route se fend, l'air est
brûlant, regagnons l'abri de la vérandah, où au contraire il fait froid tant le vent de la mer est fort. Les
cloches de Rougeole sonnent une heure et demie.

Le rêve d'un jour est le plaisir campagnard qui ne
peut durer. La solitude a ses charmes, mais les habi-
tudes, les obligations nous entrainent; nous apparte-
nons à la bataille de la vie. Bien vite vite nous revenons aux tracas, aux labeurs quotidiens; et ces
équipées en pays de joie; reste dans notre cœur
aride, comme ces rares oasis vertes dans les déserts
orientaux où plane un soleil d'enfer.

VI

CŒUR DE MÈRE

I

J'étais gamin, quand je la connus jeune fille,
piquant dans ses cheveux la rose traditionnelle pour
s'embellir encore.

Parfois, après la classe, notre maison étant proche

de la sienne, je me trouvais lançant ma toupie sur le trottoir commun, et, elle, allongeait la tête, la couture ou la broderie à la main, souriait à ma joie enfantine, jetant dans la rue un rapide coup d'œil pour rentrer aussitôt.

Elle vivait seule avec sa mère. La mienne la connaissait beaucoup, mais elle ne sortait guère. Moi, je l'aimais. J'aimais son sourire triste, ses gestes affables, son front brun rêveur sous la lourde coiffure de cheveux noirs. Je la sentais douce et bonne. Je la regardais et était heureux quand elle m'avait vu. Je l'aurais prise pour ma petite mère. Une fois, elle me parla je ne pus me retenir, je partis en courant, conservant au profond de mes yeux le clair ruissellement des siens, où palpitait toute une expression de douceur mêlée de souffrance et de rêve ..

II

Les jours passent bien vite! L'on grandit et l'on vieillit. L'on marche surtout avec le temps, dans des joies, des impressions, des occupations, des illusions changeantes encore plus que les folles secondes de l'heure. J'ai suivi la loi naturelle. Je ne la voyais plus du tout. Je n'y pensais même pas. Seize ans, âge frivole où l'on s'embarque sur la galère des rêves et des espoirs fous, où le cœur vibre et s'emplit des échos de toutes les brises enjôleuses et captivantes, où l'âme comme une ivrogne se grise aux épanchements de l'erreur et de l'enthousiasme, où l'esprit est

comme un ciel étoilé avec ses points de chimères !
Seize ans, dix-huit ans, et puis des jours, des jours, la
lutte, le labeur plus sérieux, le rêve qui se précise, la
maturité des tendances et des efforts...

Un jour, je vis une dame avec une jeune enfant,
toutes les deux en deuil, et je saluai instinctivement.
C'était elle ! Je rentrai, je demandai à ma mère : —
« C'est de l'histoire ancienne, me dit-elle. Comment
tu n'as pas su que ton amie s'est mariée ? Elle est revenue quelque temps tout à côté de nous. Depuis son
époux est mort ; une mort brusque. Tu l'as vue sans
doute avec sa fille... Et je restai abasourdi. Cette
femme aux traits pâles, avec des yeux noyés, des cheveux grisonnants, voûtée déjà, portant des bandeaux
de deuil, image de la Vierge désolée, toute l'angoisse
et toute la résignation, c'était elle !... Elle, mon amie
aux yeux clairs et troublants, avec sa magnifique
chevelure d'ébène, son port de reine et ses doux
sourires, vieillie enfin ! Elle, avec une grande enfant,
tout en long deuil, et je me promis quand je la rever-
rais, de la regarder bien...

III

Oh ! je l'ai revue trop souvent. Elle était sans cesse
sur mon passage maintenant, toujours avec son
enfant grandissant. Et je compris, les voyant un
jour, la mère et la fille, la main dans la main, comme
deux amies, comme deux sœurs, cet amour maternel.
La mère se courbait davantage, et la fille l'égalait

presque, fluette et vive. Un soir, à la brune, je les
suivis longtemps; la grande, l'ainée, la mère avait
passé son bras autour de la taille élancée de la petite
sœur, la fille, et je devinai, toute l'émotion, toute la
joie de cette immense étreinte. Vous avez lu *Miche-
line* d'Hector Malot? C'était le tableau vécu de la
mère et de la fille, tout le rêve et toute la tendresse...
Et je les quittai pensif, le cœur remué, hochant la
tête, dans un sentiment indéfinissable...

Et voilà que je les surveille! J'aime tout d'elles. Ma
mère, hélas, depuis s'en est allée un jour cruel dont ne
se guérira jamais mon cœur. Et le long deuil occupe
aussi mon âme. J'admire davantage cette existence
unique. Celle qui s'est retranchée dans un amour
défini ne pense pas qu'on la vénère ainsi; son cœur de
mère n'a place pour d'autres vœux. C'est une abné-
gation. Et je m'en fais un culte, un souvenir, un
regret, aussi un espoir, quelque chose de grand et de
digne, un peu de la mère, celle qui m'a quittée sans
retour, un peu de l'épouse, celle à qui un jour j'ai
voué ma vie...

IV

Elle ne le saura jamais. Nous resterons ainsi l'un à
côté de l'autre, ma brune amie et moi, elle résignée
dans sa vie solitaire, moi impressionable dans mon
existence élargie. Elle aura oublié l'enfant turbulent
des jeunes jours. Je ne me fais pas reconnaître. Ce
lien renferme un mystère qui me plaît. N'en rom-

pons point l'harmonie. Laissons s'endormir le rêve qui ne s'est pas fané. Cette femme qui emplit d'extase mon âme enfantine et persiste encore dans son rôle de madone, qu'elle reste pour moi quelque chose d'idéal, un sentiment indéfini, un vœu imprécis, tendre et délicat, dont la dernière expression est une suprême apothéose d'amour...

VII

TRAGIQUE BONTÉ

Labri était un campagnard des Grands-Fonds de Sainte-Anne d'une simplicité enfantine et plus que bouffonne. On racontait de lui des histoires à faire mourir de rire, depuis quand, enfant, il rentrait le soir pour aller se fourrer sournoisement dans quelque coin obscur, après avoir mis ses bêtes « au piquet » sur le plateau en haut du fond où les pommes-roses unissaient l'enchevêtrement de leurs rameaux verdâtres.

« Labri ! allez-vous laver les pieds ».

Labri gauchement se glissait dehors pour revenir un moment après. Déjà les ombres envahissantes mettaient la nuit noire au dehors où des tintements montaient des herbes, des bouffées de vent grondaient. Toute la maisonnée se presse autour de la table que surmonte la lampe campagnarde fumeuse. Et ma grand'mère :

« Labri, vous êtes-vous lavé les pieds ?

— « Oui, dame.

— « Tous les deux ?...
— « Non. Vous n'avez pas dit ça....
— « Malpropre ! Allez-vous laver les deux pieds. »
Et Labri de se glisser de nouveau dehors, parmi les lazzis et les rires de la familiale assemblée.

Je le connus homme, très grand, un cou de taureau, des mains dures, des pieds gigantesques ; il me prenait, gamin de dix ans, carrément sur son bras, le coutelas sous l'autre aisselle, et me portait par le grand chemin, d'un bout à l'autre jusque chez ma tante, dans les temps où nous écoulions nos vacances à la campagne, et il ne manquait pas de me faire quelque surprise, ôtant avant le départ, toujours des graines d'arbres étranges, de la poche de sa culotte de cotonnade bleue, où sortait sempiternellement un bout de pipe.

On continuait à médire de mon ami Labri. On le disait plus bête qu'auparavant. On racontait qu'un ami trop plaisant était venu lui apprendre, un dimanche, au retour du bourg, qu'il avait vu à Sainte-Anne la mer sèche, tout à fait sèche, que les poissons, traînaient, ramassés à la pelle, dans le lit desséché des flots ; ce qui avait si intéressé mon ami Labri qu'il était parti selon la recommandation du diseur, le lendemain au jour sans rien communiquer à personne, le *macoute*, (havre-sac), sur l'épaule, se promettant de rapporter un formidable courbouillon. Vous dire comment on avait hué et conspué copieusement mon crédule camarade, quand il s'en retourna bredouille par l'ardent soleil de midi, ne m'est pas possible.

On ajoutait que Labri avait prit femme, ce qui était vrai, une petite femme grêle avec une voix terrible ; on disait qu'elle faisait trembler le colosse et le menait au geste. Moi je regardais les gros poings de mon ami, et cela suffisait pour que je ne m'occupasse point de tous ces vilains cancans. Je ne comprenais pas qu'on pût dire que Labri n'était qu'un grand enfant.

Labri avait des instants moroses qui m'étonnaient. Certains jours je le voyais sombre, s'oubliant à regarder le lointain vague dans une attitude douloureuse. « Labri, qu'avez-vous ? » Il sursautait. — « Rien. Rien. C'est là-bas… » Quoi, là-bas ?… Je demeurais perplexe. Ma tante disait : « Pauvre Labri, ça fait peine… » Peine, pourquoi ? Je ne comprenais pas. Etait-ce sa femme ? Un vaillant homme comme ça ! Un après midi, Labri passa comme un coup de vent à côté de moi, son coutelas à la main, comme furieux ; quand je voulus l'appeler il était déjà loin, se perdant dans le sentier vers Gaillan, sous les sapotilles et les manguiers grêles. Juste le temps de me sauver, et je partis à sa suite.

Je courus vers la descente du morne illuminé. Le soleil, tout en feu, allait toucher le bord de l'horizon, là-bas, comme debout sur des arcs-boutants de flamme. Des frissons couraient par les arbres pleins de paillettes d'or, et le ciel s'assombrissait, se durcissait, d'un bleu vague, comme un bleu de rêve, le bleu du regret. En bas, à mes pieds, au ras du morne, tel un rouge bouquet, se dressait un arbre couvert de

fleurs pourpres, sous lequel descendait le sentier.
Je pris mon élan, je dégringolais d'une seule traite.
J'étais lancé, et déboulais jusqu'à la fin... Je me
relevais en hurlant, et repris la montée au risque
de me rompre le cou... Qu'avais-je vu? je ne pus le
dire d'abord, je criais désespérément. Hélas! quelques
instants plus tard des voisins rapportaient, affreusement défiguré et roide dans d'atroces convulsions, le
malheureux Labri qui de désespoir s'était pendu à
une branche de l'arbre en fleurs.. Le pauvre homme
désolé d'une bonté excessive qui faisait de lui un
martyr n'y avait trouvé d'autre remède que la mort.
Son nom est resté légendaire à !a campagne. — Moi,
je n'osais plus sortir seul, sur la route, dans les envi-
rons, ces vacances, me figurant le revoir, avec ses
yeux doux, et ses larges mains, dans sa bonté tragique...

« Labri, qu'avez-vous!

— « Rien, rien, c'est là-bas... »

VIII

AU CRÉPUSCULE

J'étais assis à côté d'elle, dans le kiosque délabré,
jeté au bord de la mer, en plein soleil, en plein soleil
couchant battu par le temps, entouré de raisiniers
rouges aux feuilles rondes, dans le sable blanc bouleversé de la grève où montaient des coquillages multi-

colores. C'était une journée sous le Fort ; une de ces journées familiales où la joie est augmentée par le complément d'un ou de plusieurs amis, grossissant le nombre des parents dans l'accord d'une sympathie heureuse. Tous là-bas les parents prenaient le dernier bain, le bain du soir, avec de grands chapeaux de paille sur les flots bleus, et des rires arrivaient jusqu'à nous, le vent faisait chanter dans l'édifice branlant une branche de raisinier entrée par la poterne, nous regardions la mer en face de nous, l'horizon où s'enfonçait le soleil glorieux, les rivages lointains, tout le tableau de la plage au coucher du jour...

« ... Je ne sais pas, me dit-elle, ce que j'avais pour lui. Ce dont je suis certaine, c'est qu'il m'aima et m'aime encore. Il ne me le dit jamais pourtant. Ma présence l'embarrassait. Rien qu'à me voir il se trouvait plus gauche. Et la peur mêlée de honte le faisait rechercher une attitude soigneusement indifférente. Il se faisait maladroit, dans un besoin de déplaire, ne sachant plaire. Et c'était un martyre risible pour son cœur que je devinais douloureux et fermé...

« Si je ne l'aimais pas moi-même, aurais-je compris ? Je restai tranquillement indifférente pourtant, du moins en apparence, oh ! d'une indifférence bonne enfant, riant à ces maladresses, l'énervant, le troublant davantage, l'ensorcellant et l'effrayant avec mes regards paisibles où il ne sut jamais, hélas ! trouver mon cœur si proche du sien. Quand il me quittait j'avais l'intime joie après ses maussaderies, de le sentir désespéré, il se disait sans doute avec

douleur : « Elle croit que je la déteste ! » et je savais
qu'il m'aimait, et je le faisais souffrir, et je m'attristais
après en secret de penser qu'il souffrait...

— Venez donc ! nous criaient les baigneurs. Vous
perdez le meilleur bain... »

Nous fîmes des signes pour dire non. Un canot entrait
doucement, glissant dans les eaux de l'anse, balloté
sous l'effort des avirons, raclant parfois le fond. Elle
rejeta sa tête en arrière, écrasant la somptueuse
coiffure de ses cheveux noirs contre le pilier du
kiosque, et sa main brune fit le geste d'écarter comme
une image cruelle.

« A la fin, il dut croire que je le détestais moi-même.
Il se mit à courtiser une de mes amies. J'assistai à
cette amour, souriante en apparence, raidie intérieurement de rage. Et c'est alors qu'eut lieu la scène que
je n'oublierai jamais Ma compagne me confia qu'elle
l'aimait, qu'elle l'adorait ; un instant après, lui, dans
une décision désordonnée me faisant enfin l'aveu de
son amour, moi, le ridiculisant, le baffouant, le cin-
glant de paroles perfides... comment ne comprit-il
pas que plus je fus atrocement cruelle, plus je
l'aimais...

« Voulut-il se venger ? Agit-il de désespoir ? Quinze
jours après ils étaient fiancés. Six mois durant je dus
me faire à cet amour dont je restai la douloureuse
spectatrice, n'osant fuir, le sentant à moi, à moi toute
seule, le voyant à l'autre, à cette amie qui me prenait
pour confidente : ce que j'ai souffert, non ! on ne le
comprendra pas. Pour finir, je fus la dame d'honneur

de l'heureuse épouse... Regardez donc là-bas le soleil qui se couche avec des hoquets de sang, ne dirait-on pas qu'il souffre d'amour aussi ? »

— « Vous avez assez causé, dit ma mère en s'avançant; c'est l'heure du départ. »

Nous nous empressâmes de nous mêler au groupe déjà prêt à partir. Les femmes hâtivement cambrées dans leur corsage sombre, piquaient l'épingle à leur chapeau, tandis que les hommes la canne à la main attendaient l'ordre du départ. Une dernière fois, je regardai le soleil enfoncé là-bas à demi, la mer, le rivage se nuançant, je sentis une main sur mon bras, je me retournai, elle regardait aussi, malgré moi je lui dis :

« Vous l'aimez donc toujours ?

— Oui, je l'aime dit-elle précipitamment, mais sans espoir. Je l'aime dans la foi du regret. et je me meurs... comme la plante dont le soleil s'est couché déjà, comme la feuille tombée de l'arbre. Je vois dans un songe mourir ma vie... Voulez-vous me donner le bras ? »

On partait. Quelqu'un de la troupe fredonnait les vers de Fuster

> Ne parle pas de ton bonheur :
> Ainsi qu'un doux oiseau flâneur,
> Le bonheur vient, gazouille et passe ;
> Ne parle pas de ton bonheur,
> N'en parle pas, même à voix basse...

et je sentis son bras trembler sous le mien, je sentis qu'elle allait pleurer...

« Voilà un doux instant, lui dis-je ; le vent s'endort après un dernier baiser d'amour à la vague, le soleil s'éteint là-bas avec une couronne de roses, tout cela fait battre délicieusement le cœur: la vie est encore bonne quand elle se meurt. Le bonheur n'a jamais dit son dernier mot, car le sentiment fleurit meilleur dans la douceur du regret et le miracle du destin ! »

Sous le Ciel Bleu

DE LA

GUADELOUPE

—

II

Vers l'Idéal.

I

FLEUR DE RÊVE...

Un de nos grands poètes contemporains disait « Les meilleurs poèmes sont ceux qu'on n'a pas faits » Et il ajoutait que ses vers les plus admirés n'étaient rien à côté de ceux qu'il se sentait dans l'âme. Mais, voilà, la parole et l'écriture sont impuissantes à exprimer tout à fait la pensée. Elles ne rendent qu'une partie infime de ce que nous sentons. En vain voudrions-nous ouvrir notre cœur, répandre notre âme, donner de nous-mêmes, verser le trésor de nos impressions, de nos rêves, de nos désirs, de nos tristesses et de nos joies, nous n'en pouvons rien. Malgré nous, nous sommes muets. Et nous sommes de ces volcans qui, avec des torrents de flammes et de lave en leur sein, fument simplement...

C'est une impuissance qui fait souffrir, car on sent que l'on serait éloquent si l'on pouvait s'exprimer. Dans des péripéties gaies ou trop souvent doulou-reuses, on se trouve d'une abondance de sentiments inépuisables. C'est l'âme, c'est le cœur battant qui s'élance. Et l'on rêve à des effusions larges et irrésis-tibles, à des confidences où l'on s'exhalerait soi-même, à force de sensibilité et de franchise... Mais de là à rendre sa pensée, il y a un abîme. Les mots ne suffisent point. Comme la langue humaine est pauvre ! L'on a parlé, et l'on n'a rien dit. L'on a voulu mettre sur le papier une apothéose de sensibilité et de tendresse, et l'on n'a été que froid et maladroit. Et c'est l'éternel martyre du cœur de vouloir se donner tout à fait et de ne le pouvoir pas !

Tout homme renferme un génie. Toute âme, en effet, contient des trésors de sensations et de sentiments, tout cœur en ses palpitations engendre des rêves et des chimères sans nombre, tout esprit vagabonde et folâtre dans le ciel... L'être humain au sein de l'univers est toujours impressionnable et mouvant. L'inégalité s'accentue vraiment à l'impuissance de l'expression : Tel en son mutisme désolant semble être aussi vide et abstrait que le pavé qu'il foule machinalement : Tel autre avec une facilité heureuse dit mieux ce qu'il sent, et donnant une partie des impressions de son âme, entraîne, charme, captive autour de lui tous ceux qui dans ses œuvres, retrouvent, comme dans un magique miroir, leurs propres conceptions. C'est un peu tout l'art et tout le talent.

Assouplir la langue, travailler surtout à nous exprimer dans le sens le plus large et le plus conforme à nous-mêmes, doit nous occuper sans cesse. Comme toutes choses, la pensée se développe, la facilité de dire s'acquiert, les facultés s'augmentent. La langue s'éduque et se raffine. Tout va, sinon vers la perfection, du moins vers le mieux. L'idéal sera-t-il jamais atteint ? Parviendra-t-on jamais à dire ce que l'on sent, pleinement et tout à fait ? Dans

l'échange des cœurs, ne restera-t-il rien d'incompris
et d'inexprimé? Le poète enfin dont l'inspiration
enlève l'âme et la fait vibrer en accords infinis, don-
nera-t-il un jour toute l'essence céleste de son être,
toute l'évaporation divine de sa pensée, dans un
épanchement inconcevable, comme ce chant du rossignol ou du cygne, comme ces fleurs qui exhalent
d'un coup leurs parfums en renversant leur calice, et
meurent après?...

En attendant, le mystère nous possède malgré
nous. Notre âme est l'abîme profond qu'on ne saurait explorer. Et les œuvres belles sont celles qu'on
n'a pas su donner : traduites par la parole ou la plume,
elles n'auraient rien de leur valeur. C'est ici que se
fait compréhensible le charme des isolements et des
rêveries. On retrouve en soi-même des attirances
inconnues... Quand on a donné la fleur de sa pensée,
dans un geste où la sincérité voudrait s'étendre, le
parfum qui s'en dégage n'est rien, à côté de celui qui
dans les replis insondables du cœur, embaume sans
cesse, dans un indéfini exquis, dont on souffre et qui
captive, exhalé mystérieusement par la fleur de rêve
non éclose...

II

POUR L'HONNEUR.

« Madame, tout est perdu, fors l'honneur! » — Si
le XXme siècle où nous sommes, dans une déroute

semblable à celle où le roi chevaleresque fut fait prisonnier, avait à donner la mesure de bien tragiques instants, cette bravade dernière ne lui serait pas permise. Le vingtième siècle, à son aurore, porte déjà la responsabilité d'assez de défaites, pour que tout y soit perdu, surtout l'honneur. L'honneur c'est-à-dire la foi, le sentiment, l'espoir, tout ce qui fait le passé avec le souvenir et la constance, tout ce qui fait l'avenir avec l'enthousiasme et l'effort.

Pour être positive et évidente, notre existence en effet a perdu le charme de la vie même. Nous vivons à présent dans des instants « trop réels ». Nos expériences ont fouillé les cieux, nos découvertes ont conquis les mers, nos inventions ont bouleversé les entrailles de la terre. Ç'a été le détrônement de la chimère, la chute de l'illusion. Notre curiosité a tout dévoilé et tout défini. Phœbus n'est plus qu'une vulgaire boule de feu autour de laquelle nous roulons. Phébée, quelque chose comme un monde où l'on doit avoir autant de misères. Mars, un rocher décrépit. Le bleu du ciel, une agglomération d'air. L'infini, une nuit obscure. Nous-mêmes, poussière retournant au néant. Voilà qui est consolant... C'est le cas du docteur Rameau éperdu dans la réalité du ciel vide. Et l'honneur s'est voilé la face; et la foi est morte, et le sentiment a disparu, et la poésie déshabillée pleure sur les débris de sa lyre...

C'est qu'on a voulu trop enclore l'existence dans le cercle des compréhensions. On a voulu trop se rendre maître de la vie, s'assurer ses propriétés, retenir ses expressions. Et l'on a brisé son essor! Avec leurs compas et leurs lunettes, les mathématiciens ont tué le mystère. Avec leurs balances et leurs alambics, les physiciens ont dépossédé l'erreur. L'étude a écartelé le rêve. La théorie a martyrisé l'espérance. Voilà qu'on vit, sans goûter la douceur de vivre! Le soleil a beau se lever, jaillissant dans des voiles roses, il ne quitte plus les bras de Cythérée; la lune a beau glisser, pudique dans les plis brillants de l'azur, Endymion n'est plus là à s'enivrer à sa vue; l'orage a beau gronder avec des éclats fulgurants, la forge des cyclopes est éteinte; la terre n'est plus la mère d'Antée; les mers ne sont plus le royaume de Neptune; le vent n'est plus Eole; la source n'est plus Chloris; le laurier, Daphné; le rossignol, Philomèle; le sourire n'a plus la grâce d'Eros; les larmes, la tristesse d'Eurysthée; le baiser, cette rose des amours, l'âme d'Eurydice et la vie d'Ophélia...

Tout s'en est allé de notre vie et de nous-mêmes. Les derniers restes de l'honneur, l'étiquette et la galanterie ont aussi disparu. A la suite des jours, tout ce qui se rattachait encore au sentiment a fui. Avec le XVIIIe siècle a passé le goût des niaiseries. Sainte-Aulaire n'en bénéficierait plus... Nous avons perdu l'élégance et la coquetterie, la préciosité et l'insouciance, l'esprit et l'ironie. Plus de madrigaux pour forcer l'Académie; plus de calembours pour faire rager les sots; plus d'épigrammes pour lacérer les envieux; plus d'impromptus pour conquérir les belles; plus de jeux de mots pour faire pâlir les

laides; plus d'énigmes pour les fâcheux et les cruelles;
plus de rondeaux, plus de ballades, plus d'inscriptions, plus de distiques, plus de fables, plus d'idylles,
plus de quatrains, plus d'épitaphes, plus d'épigraphes,
plus de vilanelles, de lais, de virelais, de pantoums,
d'anagrammes, d'accrostiches, de losanges, de lieds,
de colifichets et de serments! C'est le règne du posi-
tivisme et du « et moi donc? » La nuit traîne sur
nos combinaisons. A quoi pense-t-on, pour oublier
que la vie est faite non seulement de réalité mais de
tendresse, et que vouloir tuer l'erreur, c'est tuer la
bonne foi...

Notre éducation est à refaire; à cela tient le bonheur des générations à venir. Heureusement que le
sentiment qui fait la générosité est éternel, autant
que la volonté qui fait la force. L'honneur renaîtra de
lui-même. L'art qui n'a jamais désarmé refaira le monde
meilleur. Nous recommencerons de croire et d'aimer. Notre âme est faite pour la beauté et la grâce.
Les prunelles des aimées sont pleines des points d'or
du soleil. Leurs lèvres sont des fleurs vivantes où le
baiser s'épanouit, dans l'extase des désirs soupirants.
Nous réédifirons le charme de la vie! L'existence
sera moins pratique, mais plus consolante et plus
large... Et dans nos éternelles déroutes, sans cesse
battus par les événements, au fort de situations
décevantes, rendant nos armes au destin, sur les
débris de nos espoirs et du bonheur tombés au feu,
nous aurons du moins la bravade dernière de la fierté
et de la poésie : « ... Tout est perdu, fors l'honneur ! »

III

TOUT PASSE...

Je suis resté songeur, en face de ma vie, remontant les jours écoulés, avec la poignante émotion des réminiscences et des résurrections. Comme les jours ont passé vite ! Déjà deux, six, huit années, tout une période d'instants fauchés, tandis qu'on les vivait encore, et si vite qu'on n'y comprend rien. La vie est l'onde qui coule nous entraînant avec elle. A peine a-t-on le temps de retourner la tête pour voir tout disparaître au lointain des rives.

Voilà que j'aurais voulu remonter le cortège des heures frivoles qui se sont enfuies, après avoir butiné nos cœurs, gais papillons du rêve. J'aurais voulu revoir les jours heureux, jours de rire et de soleil, les jours tristes, jours d'alanguissement. Heureux ou tristes, les jours passés ont le charme de ce qu'on n'a plus. Et le cœur bat également quand on pense à l'heure joyeuse où s'efface un reste d'orgueil, qu'à l'heure sombre où demeure et pleure un regret inguérissable.

Voyager au sein des souvenirs, est la promenade la plus impressionnante et la plus pittoresque qui soit. Les jours vécus sont les pages du grand livre composé à l'emporte-pièce des événements. Chaque année de plus comporte un chapitre. Quel traité pratique d'enseignement si l'on voulait bien y penser !

Les joies de l'enfance y ont mis leurs lis blancs. Les jeunes illusions y ont semé leurs pétales bleus. Les amours y ont fait fleurir leurs roses. Les haines y ont piqué leurs ronces. L'espoir, l'effort, la volonté y ont épinglé leurs emblêmes. Jusqu'aux lilas des vieux âges, qui s'effeuillent au froid des illusions mortes.

Sous les yeux du cœur pensif, les jours se lèvent de leur immuable tombeau. Jours blancs, d'études, où s'alignent les livres aux feuillets lassés; jours roses, d'escapades, où dansent en rond les folles amours; jours bleus, de travail, où l'effort se heurte au fantôme du destin; jours noirs qui s'approchent... C'était hier que les beaux jours fleurissaient, chantaient, vivaient; l'on se dit : « Comme c'est passé vite ! » et l'on pense que certaines choses ne devraient pas finir... eh oui ! car c'est la loi du cœur même que tout passe pour que tout recommence, pour que dans l'absence on regrette et espère !

Lorsque Juin égrène ses jours pâles obscurcis de soudaines ondées, j'entrevois le tableau où nous nous en allions, en des jours lointains, par la claire campagne, sous l'aile du rêve éployé d'azur. Nous n'avions ni l'un ni l'autre le souci de l'heure; c'était si bon vivre sans songer à la vie ! Et le soleil, dans un pur lointain, entre les branches, nous regardait, jaloux, comme un œil d'or. Rien n'a changé du décor où l'amour épuisait son carquois; ou du moins tout a changé puisque nos cœurs n'y sont plus...

Tout passe, mais tout demeure, dans les mêmes décors, par les mêmes sentiers, aux mêmes heures des matins bleus et des tièdes après-midi, d'autres revivent les mêmes joies que nous, tandis que le même soleil darde sur eux son œil d'or au travers des branches. La vie est encore la même, malgré qu'on ne la reconnaisse pas toujours! Tout change et tout renaît. Tout se renouvelle, joies, regrets, bonheurs et sentiments, dans des espaces infinis, nous seuls passons sans revenir...

IV

ART ET BEAUTÉ.

L'art c'est la beauté, la beauté c'est l'art. La beauté n'est pas seulement ce qui est beau; c'est tout ce qui plaît et qui charme. Telle image odieuse, dans son horreur calculée, attire, plaît et captive. L'orage et la tempête ont leur sublimité et leur magnificence. Tout ce qui plaît, c'est l'art; tout ce qui est l'art, plait.

Thimanthe aimait mieux la mer déchaînée en furie, que la mer calme et sereine. Arsène Houssave raconte qu'une nymphe lui écrivait : « Ce qui est beau chez les hommes, et ce qui les fait aimer, ce ne sont pas leurs vertus, ce sont leurs défauts. » Et, en effet, Lovelace qui était toute infidélité fut toujours aimé, tandis que Sainte-Beuve qui était toute constance ne le fut pas. Le Destin sous le visage ironique du Sphinx, accroupi dans les déserts de la vie, regarde défiler nos jours, avec ses yeux de marbre.

L'art élève le cœur et lui donne l'illusion de l'idéal. Nous sommes attirés sans cesse vers l'irréalisable perfection. D'autant que notre goût s'affine, d'autant cette perfection se fait lointaine. Nous voulons mieux, toujours mieux, dans l'art et dans la beauté. L'idéal d'hier, n'est pas l'idéal d'aujourd'hui Et la Chimère renaissante multiplie ses traits de feu à nos yeux éblouis. C'est l'horizon qui toujours se recule et qui toujours grandit : et chaque jour le soleil d'or qui s'y lève, a une gloire plus fulgurante et une plus merveilleuse majesté.

Timon appelé à décorer un jardin, n'y mit que des roses. Il crut que les plus belles fleurs de la terre devaient donner le plus beau spectacle. Ce fut un jardin embaumé et grotesque. C'est que l'art est complexe et indéfini. La diversité fait sa parure. Parfois aussi, il s'épanouit dans la plus modeste fleur des champs. Et telle, qui, passant discrètement, sans songer à sourire, laisse errer un sourire sur ses lèvres, est belle juste à l'instant où elle oublie qu'elle est belle.

L'amour s'est-il emparé de l'art, ou l'art s'est-il emparé de l'amour ? Tout amoureux est un artiste, tout artiste est un amoureux. C'est que l'amour est le culte du charme et de la beauté. On peut être amoureux sans amante. Qui donc aime-t-on ? On aime le rêve, on aime l'idéal, on aime la beauté. On peut être artiste sans créer. Comment donc l'est-on ? On l'est, car on porte en soi tout l'infini du ciel bleu, chaque chant d'oiseau met une impression dans l'âme, chaque fleur qui tombe met un soupir et une larme dans le cœur. Ainsi l'art se confond avec le charme, le charme avec l'amour, l'amour avec la vie, dans une réalité plus éthérée et chimérique que le rêve lui-même.

Lorsque dans ma main je retiens ta main, et que mes yeux ardents fouillent en tes yeux langoureux, je sens dans mon cœur chanter l'idéal asservi. Je ne sais qui tu aimes le plus, de l'artiste ou de l'amoureux, mais moi je t'aime comme amoureux et comme artiste. Tu as la beauté de l'art et l'art de la beauté. J'ai l'amour dans l'art et l'art dans l'amour. Tu es le rêve dans la réalité, moi la réalité dans le rêve. Ne sommes-nous pas, ô ma Sœur, — moi l'art, et toi, la beauté, — tous deux la Poésie?

V

CLAIR DE LUNE.

Nocturne vague...

Si vous ne sortez pas ce soir, vous avez tort. Tout vous invite à la promenade, tout vous y incite et vous y entraîne; qu'attendez-vous donc? à quoi pensez-vous?... La clarté de la lune, en toute sa splendeur, fait pâlir la lumière des lampes, et par les croisées ouvertes, dans vos persiennes, dans vos rideaux, entrent les rayons, blancs farfadets, qui vous disent : sortez ce soir !

Si vous ne sortez pas, vous avez tort, car par des soirs semblables, savez-vous, on ne saurait rester chez soi. Si l'on est gai, cela déborde, il faut qu'on rie, il faut qu'on parle, et par les rues baignées de la clarté caressante, où le vent fait voltiger les cheveux, on sent battre son cœur plus vite. Si l'on est triste, cela demande à s'épancher, il faut qu'on rêve, et l'instant y est encore propice, sous un ciel calmant, dans des effluves qui fondent le cœur, fondent l'âme, en un alanguissement sans fin, indicible, indéfinissable... Tenez, croyez-moi, prenez n'importe quoi : une mante, un fichu, un colifichet quelconque, et sortons, vous dis-je !

Il n'y a pas de nuages au ciel. Tout est d'un bleu pâle, très pâle, avec d'imperceptibles points d'or qui luisent intermittents, mettant comme un triomphal scintillement dans l'immensité dormante de l'éther. L'atmosphère se repose, et la brise qui s'agite, le fait doucement, semant ses bouffées attiédies et tendres, avec des précautions minaudières, comme pour ne pas troubler la paix du jour lassé. Là-haut, comme une lampe de vermeil, avec des reflets pâles, en des frissons d'albâtre, la lune s'avance ; et c'est une onde qui s'épanche, faite de rêve et d'irréel, coule donnant des impressions soyeuses, des sensations chimériques, douces comme des pleurs ou comme des baisers...

Il est très tard. La nature s'est éteinte dans l'écrasement d'un calme immense. Pas un chant. Pas un bruit. Pas un murmure... Si, le battement précipité du cœur grossi de vague idéal. Car il ne se repose jamais, le cœur : quand il ne pleure pas, il chante, quand il ne hait pas, il aime, quand il ne vit pas, en réalité, de la vie du jour, il vit, en songe, de la vie de la nuit, et son battement gai ou triste, ne manque jamais au rendez-vous du rêve et de la pensée. La nuit transforme tout. Tout est revêtu de teintes vagues. On se croirait transporté dans quelque séjour des morts. Le monde est une immense chapelle et l'on voudrait prier. Et c'est comme une veillée d'armes, dans le recueillement, d'où l'on sortira tout à l'heure, lavé par la communion de l'extase, blanc comme hermine. Quel indicible oubli des choses et des êtres ! Et la lune sereine, pose sa caresse chatoyante et maternelle, telle une blanche auréole de frisson, sur le front du penseur...

Ne me laisse pas rêver ainsi, vois-tu, on ne me comprendrait pas. Prends-moi le bras, entraîne-moi dans les voies du réel ; mon cœur se réveillera, au bruit de nos pas sur les pavés douloureux de la terre-à-terre existence, pour souffrir encore. Fais-moi revenir à moi-même. Je comprends que le monde avec son destin, n'est qu'endormi ; ce calme, cette langueur, ce bien-être est factice : les maisons mortes renferment des cœurs qui battent, des pensées qui souffrent, des âmes qui pleurent. Rentrons, veux-tu... c'est assez de pensées vagues. — Mais le soir

splendide aura fait s'épanouir les cœurs; et l'on s'en
ira avec l'existence éclairée par une autre chimère,
l'éternel rêve, tel le mot du poète,

...l'amour.
Ce clair de lune de la vie!

VI

POUR L'ART...

C'est méconnaître toutes les lois du bon sens que
de douter un seul instant de l'influence de l'art dans
l'éducation des populations. Par la plume, par la
parole, par les gestes harmoniques, par les sons
mélodieux, par les tableaux saisissants, par toutes les
œuvres belles sorties du génie humain, sans compter
l'éternel spectacle de la Nature et des Cieux, l'art
s'impose à nous, et nos cœurs qui aiment, nos âmes
qui se passionnent, nos esprits qui rêvent, en sont
esclaves, que nous le voulions ou non. Depuis le
lettré, amant de l'idéal, recherchant la perfection
dans une impossible chimère, jusqu'au rustre, dans
sa tâche obscure, s'arrêtant pour écouter un chant
d'oiseau ou pour regarder un coucher d'astre, tous
nous vivons par le rêve et dans le rêve, et sous nos
paupières luit le même scintillement d'un autre soleil.

Tout est assujetti à l'art. Les moindres actes de
goût, de désir, de toilette, sont des manifestations
qui le concernent; la santé qui fait la joie, la joie qui

fait la beauté, la beauté qui fait l'amour, l'amour qui fait la vie, l'expriment; on est artiste, on est rêveur, on est romancier et poète sans savoir; tout ce qui naît et meurt, tout ce qui existe pour la vie et dans la vie, en fait partie, car la vie elle-même c'est l'art. Ayant fait l'existence des premiers âges, formant les générations successives d'une humanité éphémère, l'art éclos en même temps que les mondes doit rester aussi éternel qu'eux; maintenant, dans sa souveraineté immuable, il fait notre éducation, compose notre esprit, modèle notre cœur, inspire notre âme, et nous guide dans nos moindres actes et nos moindres caprices.

La littérature est un des moyens puissants par lesquels l'art s'exprime. Elle donne également le sentiment du beau et du bien, dans des rêves toujours nouveaux. Nous y trouvons une source intarissable. L'élévation de l'âme est déjà par elle-même l'éducation la meilleure. Les peuples même les plus heureux n'ont pas d'histoire, s'ils ont oublié le culte du sentiment. Les œuvres d'art sont les seules éternelles. Quand on pense qu'Agamennon malgré ses fameux exploits n'aurait pas été connu aujourd'hui sans les rêveries poétiques d'Homère, et parlant sans cesse de Rome, la ville d'art, la ville de renaissance, sans mentionner la Rome antique, la ville des Césars, guerrière par excellence, qui a dominé le monde, on ne saurait contester des faits dont le cœur même reconnaît la justesse.

Dans l'éducation de chaque jour, l'art joue ainsi

un rôle dominateur. L'amour du beau s'exprime à chaque désir de l'esprit. Sentir, admirer, aimer, c'est encore s'instruire, et cette instruction est éternelle! Pourquoi s'impose le progrès des temps rien que par la seule évolution? C'est que les yeux ont toujours ouvert devant eux le livre de l'art, et que l'homme s'instruit tout naturellement au jour le jour par les bruits, les spectacles, et jusqu'aux sensations qui l'occupent. D'autant qu'on a de sensibilité et d'amour, d'autant vite on retient et profite par des émotions qui forment le cœur et meublent l'esprit toujours.

Pour le bien des populations, pour l'éducation des masses, on ne saurait donc trop préconiser l'art qui plaît à l'imagination et crée la pensée. C'est une erreur profonde de croire que le sentiment n'agit que sur les esprits perfectionnés et délicats. Tout être est sujet à la joie, au bonheur, à l'admiration, à la tendresse, à toutes les impressions. Le sentiment dans les temps préhistoriques, a commencé à agir sur les barbares. Ses triomphes n'ont été que plus décisifs. S'il y a eu des temples élevés à la Poésie, à la Beauté, au Rêve, c'est justement dans les temps où nos sociétés n'existaient pas. Au contraire, si l'art n'était éternel la civilisation l'aurait tué! L'art instruit les mœurs, police les esprits, élève l'âme, donne au cœur cette foi, cette sincérité qui le font toujours plus grand dans le devoir et dans l'honneur.

En ce qui nous concerne, rechercher l'art, l'apprécier, nous en inspirer toujours, c'est nous perfectionner encore avec les efforts d'un enseignement

qui nous manque. Rien ne nous rendra meilleurs que
le sentiment commun de la vraie harmonie. Et l'art,
c'est la concorde, c'est la paix. Ouvrons notre cœur
au soleil. Ouvrons notre esprit au rêve qui fait l'existence terre-à-terre d'ici-bas un monde plein d'étoiles.
Il suffit de le vouloir bien pour être heureux. Constamment c'est nous qui faisons la vie mauvaise
comme elle est. L'art est la divinité heureuse qui
nous console. L'existence s'améliorera jusqu'à la joie,
quand tous, réconciliés, au pied de ton autel, ô Toi,
l'éternelle Chimère, l'éternel Rêve, l'éternel Amour,
qui domine les mondes, nous aurons uni nos vœux
comme les enfants d'une même famille, dans une
manifestation sentimentale qui sera ton apothéose.

VII

MORTUÆ.

Pensons, veux-tu ? aux jours d'autrefois. Revenons
à pas lents dans nos souvenirs. Dans cette évocation
de nous-mêmes, parmi les choses d'hier, ce sera
comme une promenade mortuaire où se lèvent de
blancs fantômes...

La vie n'est pas faite seulement d'espérance, elle
est faite de regret. Son œuvre de labeur est une
œuvre pie. Chaque pas que nous faisons est un acte
de foi et de sacrifice. Toute chose dressée au soleil a
son ombre; nous allons vers l'avenir en restant au

passé. Lequel doit nous être plus cher, de ce que nous n'avons pas encore ou de ce que nous n'avons plus?

C'est que les jours qui ne sont plus sont faits de nous-mêmes. Feuille à feuille, dans la chute des rêves, comme des arbres battus par le vent, nous nous laissons dépouiller. Chaque heure, chaque seconde est fait d'un lambeau de notre être. Pour atteindre à la décrépitude nous avons perdu nos vertes illusions. Et voilà que nous retrouvons, gravé dans l'éternelle mémoire, tout ce que nous avons aimé et haï. C'est pourquoi le souvenir, chose si douce et si cruelle, est un devoir en même temps qu'une vertu.

Ce qui fait la vie, ce sont justement ces liens indéfinissables qui nous attachent à la souffrance et à l'amour. Si l'oubli dominait, comment ferions-nous parmi ces assauts renouvelés où nous resterions sans cesse isolés? L'éternelle sagesse de la vie n'existerait pas. Tout s'en va, mais tout demeure. Les choses se touchent dans le mystère. Et l'on comprend enfin qu'on puisse tant vouloir, tant souffrir, tant espérer, rien que pour l'embarras de le faire!

Les choses d'hier s'attachent à nous désespérément. Notre cœur renferme l'éternelle blessure de la séparation. Le souvenir est aussi un culte. Pas un geste de nous qui ne soit une prière; car prier n'est pas seulement l'acte de le faire, mais toute pensée amoureuse et mystique. Le jour d'hier se lie au jour de demain. Le regret et l'espoir se partagent notre vie. Nous possédons toujours ce que nous avons perdu par la constance de notre amour, et nous vivons sans cesse ce que nous n'avons pas encore en fleurant les roses du désir.

Vous savez bien, êtres chers, choses disparues pour toujours, que nous ne vous oublions pas. Penser à vous c'est penser à nous-mêmes. Nous tombons avec grâce, comme le gladiateur antique. Vous nous avez quittés, le même destin nous entraîne, et, dans d'éternels décors, c'est le magique déroulement où fuient êtres et choses. Ce que nous vous apportons aujourd'hui, les offrandes du souvenir et de la tendresse, l'émotion des regrets inconsolés, dans la succession logique d'amour, on nous l'apportera demain...

Novembre couronné de lilas, vient éclairer de son pâle soleil les blancheurs de nos mausolées couvertes de fleurs, tu m'as pris par la main, ô mon Rêve, et nous remontons lentement l'allée sablée où crient nos pas. J'ai tout retrouvé de moi-même dans ces attraits funèbres et doux. Et je m'étonne encore qu'après avoir tant perdu, nous vivions si indifféremment. Novembre fait fleurir l'annuel souvenir. Je t'aime ainsi, ô mon Rêve, quand tu me ramènes aux jours d'autrefois. Déposons la couronne de tendresse que nous avons apportée. Le regret des jours passés fait l'amour des jours présents et l'espoir des jours futurs.

VIII

L'ART LOCAL.

Certains critiques reprochent aux littératures tropicales de ne pas s'enfermer dans le cadre des merveilles où elles s'épanouissent, d'abandonner les splendeurs où elles vivent dans des pays paradisiaques, pour traiter des sentiments communs et par là même rabattus, ne respirant point ainsi ce charme local dont l'expression surtout aurait fait leur succès. Cette appréciation semble être juste.

M. Adolphe Brisson, tout dernièrement, à propos de la poésie haïtienne, regrettait qu'elle « ne se borne à la description de cette merveilleuse nature tropicale! » D'autres distingués littérateurs ont fait la même observation, Pour citer une appréciation qui concerne particulièrement notre pays, je rappelerai ici l'opinion de M. Emile Lefranc qui parle de notre compatriote, Vincent Campenon, dans son *Histoire élémentaire et critique de la littérature*, et qui regrette que Campenon, avec sa facilité de peindre, arrivant dans certaines parties de ses œuvres, telle les *Trois règnes de la Nature*, jusqu'à égaler Delille, ait oublié de parler de sa terre natale dont les beautés n'auraient fait que grandir les charmes de ses vers. M. Emile Lefranc admire le poète qui savait montrer un « sentiment vrai des plaisirs pastoraux, un véritable amour des champs et des occupations champêtres. »

M. Georges Barral, l'érudit Directeur de la Collection des Poètes français de l'Etranger, auteur de l'*Epopée de Waterloo*, dans une lettre particulière, dès le commencement de nos relations littéraires, — et maintenant si amicales et si cordiales ! — me faisait la même recommandation. — Inspirez-vous des choses locales, m'écrivait-il ; dans les splendeurs d'une nature merveilleuse, au sein de décors féeriques, faites parler votre âme. Votre œuvre sera mieux appréciée. — J'ai essayé parfois de suivre les conseils de mon distingué correspondant. Et je me souviens de la note élogieuse et toujours juste qu'il s'empressa de me transmettre, après une *Etude bibliographique* que je publiai dans le journal *Guadeloupe* du 24 janvier 1907, de *Théoduline*, poème valaisan par M. le chanoine Jules Gros, publication qui venait de s'ajouter à la Collection des Poètes français de l'Etranger : « Le livre de M. Jules Gros est un livre local charmant... » et M. Jules Gros, lui-même, ne tarda pas à m'écrire : « ... *Théoduline* s'est inspirée aux sources mêmes " du pays " ».

On ne saurait trop reconnaître, en effet, combien la poésie antillaise gagnerait dans la description de notre nature si belle. Mais je ne crois pas, et aujourd'hui je l'avoue avec ma plus grande sincérité d'artiste, que notre littérature puisse se borner aux seuls cadres dorés de notre existence. Pour belle et splendide que soit notre nature, on ne saurait s'inspirer seulement de ses tableaux pour bien écrire. Il faut compter aussi avec le sentiment, si commun qu'il puisse être. Longtemps on a cru que la nature avait enfanté l'Art, et on se faisait un devoir de revenir à ses merveilles comme à une source intarissable. Ç'a été encore une erreur du temps. L'Art est né du sentiment. Les tableaux grandioses de la nature peuvent multiplier nos impressions, enthousiasmer notre âme, nous donner des sensations sublimes, mais nous restons esclaves du sentiment intime qui palpite en nous. Vivre, ce n'est pas voir; vivre, c'est sentir! La Poésie, qu'on y pense! est l'éternelle chanson ou l'éternelle larme du cœur qui bat...

Pour nous inspirer, sommes-nous mieux placés que les spectateuus vivant en face des immensités sublimes de l'Océan, ou des glaces éternelles et miroitantes du Mont Blanc, ou des splendeurs sauvages de l'Himalaya? Non, l'inspiration naît et s'épanouit en nous-mêmes, d'autant que nous sentons; et ce que nous pouvons demander à nos beautés tropicales, c'est de nous donner cette sensation affinée par des effluves constamment neufs, cette impression palpitante entretenue par des tableaux grandioses, cet enthousiasme vivant dans les ardeurs d'un soleil d'or. Nos splendeurs tropicales ne peuvent ainsi qu'aider à notre sentiment. Qui aurait cru que la poésie extatique par excellence, aurait été la poésie allemande, au sein des brouillards du Rhin? L'Italie avec ses décors magnifiques, a été devancée par tous les pays où le sentiment a dominé.

Dans la préface des *Poèmes de la Mort*, de Etzer Vilaire, page IV, Georges Barral écrit : « ... la plupart du temps, l'esthétique du paysage ambiant est mieux sentie, mieux reproduite par l'étranger que par l'aborigène. » Il ne nous explique pas pourquoi; mais M. Etzer Vilaire, dans une lettre du 21 juillet 1906, a déjà donné un commencement d'explication : « Les conditions mêmes du milieu impriment, généralement, à la poésie haïtienne un caractère plus subjectif qu'objectif. Ce n'est pas par la peinture des objets qu'elle révèle sa marque originale, mais par l'évolution de nos états d'âme particuliers ». Et nous voici revenus dans le sentiment. D'autant nous avons sous les yeux les effets arc-en-cielisés de nos pays, d'autant nos âmes sentent. Et naturellement nous suivons l'épanchement du sentiment. Et hormie des particularités comme Leconte de Lisle, le poète de la Réunion, l'étranger, comme M. Maurice Olivaint, qui a si bien chanté les charmes de Cambodge et de Tahïti, peut reproduire mieux que nous...

Contentons-nous d'être sincères et nous serons originaux. Pour être locaux soyons tout bonnement nous-mêmes. Ne nous efforçons pas à des descriptions si notre talent ne s'y porte point. Obéissons à l'impulsion de notre cœur. Nous saurons toujours plaire dans notre ardeur qui sera nouvelle. L'art local, c'est l'art sincère, sans entraves, sans obligations, sans cadres. La Poésie est même partout. Si les décors par leurs couleurs et leurs célestes attraits peuvent plaire aux yeux, le sentiment dans ses phases, ses espoirs, ses regrets, son amour, sa haine, ses joies et ses transports, plaît davantage à l'âme et au goût!

IX

L'ADIEU...

A ma fantaisie

Saintine raconte qu'un jour, parmi de vieilles paperasses, il trouva son acte de naissance, et il se refusa de croire qu'il était si âgé. Lui qui se croyait jeune, toujours jeune, avec un cœur fleurissant, voilà que les ans s'étaient amoncelés lâchement sur sa tête, et il resta longtemps pensif, les lèvres grosses de reproches contre les heures frivoles qui n'avaient même pas eu la politesse de l'avertir de leur fuite, argentant déjà sa chevelure poétique et fanant les roses de ses joues. J'ai subi, hier, ô ma Fantaisie, après un calcul imprévu, la même saisissante impression...

L'heure est propice à cette explication entre nous, qui doit être définitive. Nous allons nous quitter un peu, sais-tu, m'amie. Assieds-toi, veux-tu, à côté de ma table, comme il t'est coutume quand je travaille et pour une nouvelle fois, dirige ma plume. N'es-tu pas ma Muse et mon Inspiratrice ? Ne commandes-tu pas à mon esprit et à ma pensée ? Va, je t'ai toujours bien obéie ! Tu créais mon rêve, tu confectionnais mon idéal, et, mon cœur t'appartenant, tu faisais et défaisais mes amours. C'est toi, m'amie, qui fleurissais dans mes vers, qui embaumais dans ma prose, et je ne jure pas que ce ne soit pas ta flamme qui étincelle encore dans l'ébène de mes yeux ..

Te souviens-tu de nos premières armes? Tu me pris brusquement un soir, dans quelque chose comme ma treizième année, et tu m'amenas aux sources de l'Hymette. J'y bus l'ambroisie poétique. Je commençai l'ascension de l'Hélicon un peu couvert de sarcasmes. Comment ai-je pu m'y maintenir malgré mes découragements?... Ça, voyons, tu y mis du tien : tu prenais la forme de mes amoureuses, Titine ou Paulette, Ninon ou Nina, tu entretenais ma foi à force d'œillades, tu entraînais mon cœur à force de grâces, leurs sourires c'était le tien, leurs beautés c'était la la tienne, n'ose pas me dire que dans leurs yeux verts ou noirs, où plongeait mon rêve, tu n'avais pas mis l'or de tes prunelles ! Je comprends maintenant la supercherie. O ma Fantaisie, avoue : Jamais je n'aurais eu ma foi littéraire sans le feu sacré que tu entretenais dans mon cœur, et pour ce faire, tu jalonnais ma route de tes propres folies ; mes conquêtes étaient habillées de tes robes de gala et de tes diamants de reine.

Ce fut une épopée de plume et de cœur, que je ne comprends pas moi-même aujourd'hui. Je n'ai pas été toujours vainqueur. Souvent, je me suis trouvé assis près des débris de mon cœur haletant, et l'esprit en lambeaux, dans la déroute de mon rêve. Je me retournais vers toi, et j'agonisais : deux yeux cruels m'avaient tué... Inhumaine! c'était toi-même, ma Fantaisie, qui, métamorphosée en beaux yeux mutins transperçait mon cœur comme un glaive. Et mon agonie s'exhalait à tes pieds en des chants de cygne; je faisais mien le *Desdichado* de Scott et le *Désespéranza* de Dante, mais tu me donnais la vie bientôt, avec un autre rêve… Et c'est ainsi que j'appris par toi à faire mes odes les plus belles, c'est ainsi que j'ai su qu'il faut avoir beaucoup pleuré pour avoir le génie du bonheur.

Je suis fier en pensant aux jours vécus : j'ai bien combattu. Soldat de l'Idéal, c'est contre des Moulins à vent qu'il m'a fallu lutter souvent. Cervantès n'a point menti. Mais tu m'animais, m'amie, j'emportais ta devise dans mon cœur et tes couleurs dans mes yeux. On n'osa plus rire de moi. N'avais-je pas toute ta fierté et toute ta décision ? Ah! parfois, rencontrant sans cesse le vide du néant au bout de ma lance je me sentais découragé; je m'arrêtais écœuré dans l'arène de l'Art où des luttes grotesques et terre-à-terre se perpétuent; pour un peu, j'aurais brisé ma plume… Tu étais la Jeanne d'Arc, pour reconquérir ma poésie; tu accourais et riais de moi, tu épanchais l'essaim de tes rêves sur mon front bruni, et tu me baisais sur les lèvres et sur le cœur… et j'enfourchais à nouveau l'Idéal! Ma plume n'a jamais dévié. Je t'ai été fidèle m'amie. C'est pourquoi, vois-tu, si je te dois beaucoup, je suis fier de te le dire. La constance de ma dette la paie

Non, ne nous disons pas adieu. Nous allons faire un nouveau pacte, voilà le mot Comprends que je veux te prendre mon cœur, que je te l'ai pris déjà, et qu'il faut que tu abdiques ta tutelle en face de ma majorité? Tu resteras mon amie, mais pas cette amie évaporée des jours de fleurette dans la bataille. Maintenant c'est la bataille toute seule. Tu m'as rendu fort. Reste à côté de moi. Ne t'occupe pas si j'ai une autre devise et d'autres couleurs. Je suis toujours ton chevalier. Mais toi, tu es ma sœur grise. Lovelace disait posséder deux cœurs, ce qui le fit renier par Musset. Moi, je suis certain n'en avoir qu'un. Mais j'ai une pensée. O ma Fantaisie, elle est tienne. Pour n'être plus la Reine de tendresse, tu restes la Reine de poésie. Non, nous ne disons pas adieu! En n'ayant plus comme une rose mon cœur piqué à tes rubans, tu portes le diadème de ma pensée aux cheveux...

Lorsque l'avenir en souriant ouvre ses voiles bleus infinis, je me sens des espoirs et des rêves d'or à combler l'immensité. Les étapes douloureuses où l'on souffre souvent n'ont rien ôté de ma vie. Je m'étonne de ceux qui se désespèrent et qui s'accablent euxmêmes. Comme si la vie quelle qu'elle soit n'était pas faite pour être vécue! Je crois encore au bonheur. Je le sais, m'amie, tu ne saurais me quitter, c'est tant mieux, car ton enthousiasme emplit d'étoiles mon beau rêve. Maintenant, c'est dit, je retourne à la bataille, l'œuvre bat son plein, l'Idéal m'appelle, donne-moi ton baiser que je parte, il n'y a pas de temps à perdre. Ce n'est qu'un recommencement. Tu reviendras t'asseoir toujours à côté de moi, comme il t'est coutume pour conduire ma plume. Va, nous aurons d'autres jours bien remplis! J'ai longtemps chanté tes cheveux d'or, tes yeux bleus et tes lèvres roses, ô ma Fantaisie. Je mettrai en strophes à présent dans quelque poème mûr, tes yeux sages et ton doux sourire... Plus tard, plus tard, oui, en des années après avoir couronné tes bandeaux blancs et tes lèvres pâles, plus tard en un soir semblable sans doute à celui où tu m'as pris, c'est dans tes bras, ô m'amie, comme la fleur de trèfle au crépuscule, que je reviendrai mourir.

Sous le Ciel Bleu

DE LA

GUADELOUPE

—

III

Propos du Jour.

I

KARUKÉRA

Pourquoi donc faisons-nous si peu attention aux agréments et aux charmes de notre doux pays ?

Les habitants des autres contrées se plaisent toujours à citer les moindres avantages de leur patrie, et nous, avec des grâces et des tableaux irrésistibles, nous restons insensibles, méconnaissant ainsi les beautés réelles dont abonde notre île.

Les Italiens vantent leur climat et leur ciel, les Portugais leurs fruits et leurs fleurs, les Espagnols leur soleil, chacun s'enorgueillit des attraits du pays natal. Sans médire du climat et du ciel de Sylvio Pélico, des fleurs de Camoëns, du soleil de Cervantès, nous pouvons, nous aussi, nous glorifier de notre beau ciel des Antilles, voûte ruisselante de clarté le jour, champ d'azur pailleté d'or le soir, de nos fruits divers et savoureux, de nos fleurs odorantes, de notre soleil dont la splendeur majestueuse n'a point d'égale !

La Guadeloupe, dans l'immensité de la sombre Atlantique, s'élève, bouquet de verdure, toujours fleuri, dans un printemps éternel. L'étranger s'étonne de cet Eden ignoré. Fraîcheur du Matouba chantée par Henri Descamps, sites de Sainte-Rose célébrés par Saint-Aurèle Poirié, pitons de Basse-Terre qui ont inspiré Léonard, beautés agrestes et naïves de nos campagnes dont s'est souvenu Campenon, direz-vous enfin que notre doux pays est trop oublié et trop peu aimé par nous-mêmes?

Vous qui me lisez, ô lecteurs indifférents, vous savez ces choses. Vous connaissez les falaises du Gosier et de Sainte-Anne, la « baie » du Moule, la mer bleue de Pointe-Noire et de Deshaies, les verdures de la Capesterre, les brumes de St-Claude, le panorama du port de la Pointe-à-Pitre, et, le soir, d'où vous êtes, vous avez ressenti certainement déjà l'influence de notre nuit admirable, sous un ciel bleu pâle, constellé d'or, où monte et glisse au milieu des nuages blancs, un diadème d'argent vif. Mais vous n'y penser pas même! Et les beautés de notre île sont ainsi méconnues et ignorées sans espoir... On y songe parfois, mais quand on en est éloigné, avec des souvenirs et des regrets, comme le poète des *Saisons*.

> Lieux chéris que mon cœur ne saurait oublier,
> Ramène-moi Pomone en ces douces contrées :
> C'est là que la nature enchante les regards !

mais tous, au sein même de ces beautés, n'ont pas le temps, enfants sans cœur, d'apprécier et de chérir tout ce que notre chère Karukéra renferme de sublime et d'attendrissant.

II

LES BEAUX YEUX.

C'est Georges Barral qui m'écrivait, il y a assez longtemps, après réception de quelques têtes de femmes guadeloupéennes que je lui avais envoyées pour émailler une œuvre poétique locale : « Vos têtes de femmes plaisent beaucoup, elles ont surtout des yeux admirables... »

C'était vrai, mais je n'y avais jamais pensé. Je regardai plus attentivement mes autres photographies, et je me rendis à l'évidence. Maintenant c'est un fait acquis pour moi : le charme le plus troublant de nos femmes créoles ce sont leurs yeux.

Yeux noirs, ronds ou ovales, avec des cils longs, d'où s'épandent des frissons de rêve ; yeux café, avec des flammes vives, lacs de tendresse, où monte une éternelle ardeur ; yeux bleuâtres, aux tons changeants, abimes de jalousie et d'ivresse ; yeux verts où s'endorment des reflets fulgurants et des tons soufre ; yeux gris avec des points d'or, comme un autre ciel où se lèvent des étoiles... Les yeux captivent, ensorcellent et donnent à leurs maîtresses plus qu'un pouvoir magique.

Cléopâtre avait regardé Antoine, et l'Impérator romain fasciné n'avait plus voulu regagner ses galères. Calpurnia ainsi avait asservi César. Les beaux yeux d'Hélène ont déchaîné la guerre de Troie : dix ans

durant cent vingt mille Grecs s'acharnèrent contre
cent mille Troyens pour deux yeux de femme. On se
souvient de la mésaventure de Protée attiré par deux
yeux incompréhensibles jusqu'à se précipiter dans la
mer. Le Tasse a chanté les beaux yeux d'Armide ;
Cervantes, les beaux yeux de sa Dulcinée villageoise ;
Dante, les yeux tendres de Béatrix ; Pétrarque, les
yeux vagues de Laure ; Shakespeare, les yeux douloureux de Desdémone ; Byron, les yeux transparents de
la fille de Grèce ; Gœthe, les yeux langoureux de
Marguerite ; Ossian, les yeux durs de l'Ecossaise ;
Ronsard, dans ses sonnets, les yeux de Margot, la
rose de France ; Racine, dans ses tragédies, les yeux
de la Champmeslé ; Musset, les yeux de la Malibran ;
Arvers, les yeux de celle « qui ne comprendra pas »...
Tous ces yeux de femmes, par la fable, l'histoire, la
poésie, restent comme des étoiles éblouissantes dans
les nuits de nos rêves...

Quel est le poète qui chantera les yeux de nos
femmes, ces yeux créoles où le soleil des Tropiques
mets des ruissellements d'or ? Ces yeux profonds et
rieurs, spirituels, pleins de mystère, pleins de vague,
reflétant en des attirances étranges, douloureux parfois comme des fleurs de martyre, fulgurants comme
des éclats d'acier, longs et enivrants, mais le plus
souvent tendres, tendres et doux, charmants et
décisifs, comme des baisers de rêve et de sentiment ?...

Léonard n'y a pas pensé dans ses regrets de l'amour
devant ses rêves détruits :

> Et toi, qui réunis les talents et les charmes,
> Quand près de mon tombeau tu porteras tes pas,
> Tu laisseras peut-être échapper quelques larmes.....

St-Aurèle ne s'y est pas arrêté, déjà lassé d'un effort poétique forcément isolé, vainement recherché et s'inspirant vainement :

> Oui, oui, le feu sacré dans ton âme créole
> Bouillonnait comme au sein des poètes vainqueurs
> Quand, voilant ton madras d'une riche auréole,
> De tes premiers accents tu ravis tous les cœurs...

Campenon, d'Orgemont, Richardière, Giraud, Poyen ne marquèrent point le charme caractéristique qui est nôtre. Ces joailliers ont passé à côté de perles, ont subi leurs attraits magiques, et n'en ont pas parlé... Ils ont oublié dans leurs rêves, le rêve même; leurs tendresses sont incomplètes; c'est parler de la beauté des nuits en oubliant Phébée qui s'y lève, chanter la rose aurore sans dire l'embrasement du ciel...

Yeux tendres sous les chevelures d'ébène, yeux ronds sous les toisons épaisses, yeux larges sous les bandeaux lisses, yeux fous sous les boucles volages, yeux pers sous les auréoles d'or, yeux gris sous les blondes papillottes, yeux menteurs sous les tresses indiennes, yeux sceptiques sous les flots frisés, yeux vagues des cruelles, yeux purs des fiancées, yeux brillants des amantes, yeux sombres des rivales, yeux morts des déceptionnées, yeux espiègles des cocottes, yeux coulants des ignorantes, œillades et coups d'œil, c'est vous qui faites la vie ou mauvaise ou douce, ou agitée ou calme !...

Ce sont les beaux yeux qui nous dirigent, qui font et défont. Si nos femmes excellent à plaire dans leur charme pittoresque, rendons hommage à leurs prunelles. Leurs yeux sont leur beauté. J'ai conservé le mot de Barral, qui sous le pâle soleil de Belgique ne pouvait encore rencontrer ces yeux éblouissants... Eh oui! nos femmes ont « des yeux admirables »... Dans toute idylle il y a un mystère, quelque chose d'indéfini qui en fait justement le charme, l'idylle créole, avec les yeux de nos aimées où resplendit tout un vaste soleil d'or, a aussi son talisman...

III

POÉSIE DE L'ÉPÉE.

On fêtait dernièrement, le 6 juillet 1909, le centenaire de la bataille de Wagram.

Cette grande victoire de l'épopée napoléonnienne reste un des plus beaux fleurons de gloire de la couronne impériale.

Et voilà qu'on parle de l'Empereur, de cet Empereur chanté par Béranger, acclamé par Musset, glorifié par Lamartine, sanctifié par Hugo, de celui qui créa la poésie de l'épée, à force de génie et d'inspiration, atteignant jusqu'à l'idéal, dans la victoire et dans la gloire!

A côté de l'épée invincible du héros, on place la plume de l'écrivain. Bonaparte ne fut pas un littérateur, et pourtant presque toutes les pages qu'il a écrites sont restées des chefs-d'œuvre de la langue française. Son éloquence enflammée battaient les airs comme un oiseau de grande envergure. Son style n'a pas eu encore d'égal. Il en avait conscience, quand il déclarait lui-même :

— « On a dit que je savais écrire, oui, parce que je savais commander ; je savais commander parce que je savais vaincre ; mon style c'est mon épée : mes pages sont mes victoires ; mon livre c'est l'univers, ce livre où j'inscrivais pour épigraphe sous l'inspiration de Dieu : La France sera le monde. »

En 1815, après la défaite de Waterloo, cette défaite qui allait clore dans une chute de Titans la merveilleuse odyssée impériale, et faire du héros un martyr, les écrivains français, en hommage, portèrent l'Empereur déchu au quarante-et-unième fauteuil de l'Académie française. Chateaubriand qui venait de jurer fidélité à Louis XVIII vota d'enthousiasme. On dispensa des visites réglementaires celui qui voguait alors dans les eaux de Sainte-Hélène. Il fut élu à l'unanimité. Cet acte encore qu'il honorait l'auguste exilé, honorait les lettres françaises elles-mêmes.

L'Empereur du haut du rocher de Sainte-Hélène, parlant un langage inspiré au monde encore subjugué prononça son discours de réception. « Il le prononça, dit Arsène Houssaye, dans son *Histoire du 41ᵉ fauteuil*, sur ce rocher battu des vents, écouté par les aigles qui avaient visité Prométhée et qui apportèrent sur leurs ailes des lambeaux tout enflammés de cette éloquence orageuse ». Sa parole est restée une évangile.

Les temps modernes, avec Napoléon, ont leur légende de bataille et de gloire. Ils ont leur héros qui est aussi beau que les héros d'Homère. Son souvenir est un monument impérissable dans les cœurs français. Fêter Napoléon, c'est fêter la France elle-même. En mourant, il invoquait encore sa gloire immortelle, et sa dernière parole en a fait don à la France :

— « Ils ont enchaîné mes mains ; mais mon esprit voyage encore dans les plis du drapeau français qu'elles que soient ses couleurs ! »

IV

ANNIVERSAIRE.

Les Etats-Unis d'Amérique fêtent le quatre cent seizième anniversaire de la découverte de leur pays par Christophe Colomb. C'est, en effet, le 12 octobre 1492, aux premiers rayons du soleil, que le glorieux Génois débarqua sur la première terre du Nouveau-Monde ; accompagné de Alonzo et Yanez Pinzon, du contrôleur Rodrigo, du secrétaire Descovedo, tenant à la main la bannière royale, tandis que les deux capitaines portaient la bannière de la Croix Verte, l'Amiral prit solennellement possession de la terre nouvelle au nom du roi et de la reine d'Espagne, et fit dresser procès-verbal de ces actes. Cette première terre fut nommée San-Salvador. C'était la première étape des découvertes qui devaient révolutionner le vieux monde et changer toute la face du globe.

Une année et vingt-deux jours après, le 4 novembre 1493, notre Guadeloupe était découverte à son tour. C'était le deuxième voyage de Colomb, avec une flotille de dix-sept navires, il découvrit cette fois, après avoir relâché à l'Ile-de-fer, la Dominique, la Marie-Galante, la Guadeloupe, 4 novembre 1493, Montserat, etc. C'est dans cette seconde expédition que la lutte commença à devenir sérieuse entre les Européens et les Indiens. L'Ile de la Guadeloupe, raconte Pierre Martyr, contemporain de Colomb, était peuplée « de Caraïbes quelque peu Cannibales ». L'Amiral la fit explorer en partie. Elle fut baptisée du nòm de Guadeloupe à cause de sa ressemblance avec une province de l'Estramadure. Colomb essaya de lier commerce avec les naturels. Mais son essai fut déçu. Le 8 novembre suivant, il leva l'ancre.

On connait les différentes phases de la colonisation de notre île. Nous n'y reviendrons pas aujourd'hui. Nous resterons dans la relation de ces découvertes et de ces occupations qui font maintenant l'objet de grandioses anniversaires. Colomb avait ouvert l'ère de nouvelles ambitions. Avant lui au XIIIe siècle, Marco Polo, dans le centre de l'Asie, au XIVe siècle, Jean de Béthencourt, sur les bords de l'Afrique, avaient eu des inspirations heureuses. Mais nul

n'avait ainsi reculé les bornes de l'horizon sur un nouveau monde. Suivons maintenant pas à pas les victoires de ces Consquitadores, mercenaires et conqué-
rants, poursuivant sous des cieux inconnus leur rêve
de richesses et de gloire brutale. Ces victoires se précipitent dans toutes les parties de l'Amérique.

Colomb et ses deux frères, don Barthélemy et don
Diègue ont occupé Saint-Domingue dès 1494. Alvarès
Cabral, en 1500, est au Brésil. Diégo Vélasquez, en
1511, est à Cuba. Ponce de Léonce, en 1512, est en
Floride. Ici plaçons une découverte merveilleuse et
intrépide : Vasco Ninez de Balboa, à la tête de qua-
tre-vingt-dix volontaires, traversa l'isthme de Panama, alors isthme Darien, au travers des tribus féroces,
des marécages, des difficultés surhumaines, pour
découvrir le premier de l'autre côté de la terre, du
haut du golfe San-Miguel, le vaste océan Pacifique,
en 1513. Il s'établit aussitôt sur ces lieux. Jean de
Grivalja plus tard est à Panama, en 1518. Fernand
Cortès, en 1519, est au Mexique. A propos de Cortès,
on connaît l'horrible supplice de Guatimozin, neveu
de Montézuma? L'historien Gomara raconte la torture
de l'Empereur indien : placé sur un gril au-dessous
duquél les Espagnols attisaient le feu dans l'espoir de
lui faire avouer où il avait caché ses richesses, Guatimozin, au regard suppliant de son premier ministre
souffrant à côté de lui la même torture, aurait répon-
du : « *Et moi, suis-je sur un lit de roses ?* ». Continuons
avec Pizarre et son frère Conzalo, en 1528, au Pérou ;
Almago, en 1531, au Chili; c'est dans ces instants

que Vasco da Gama et Albuquerque, par ailleurs, fouillent les côtes d'Afrique. Le Nouveau-Monde d'où voyagent les flotilles des caravelles fuyant au ras des flots avec leurs chargements d'or, étend ses chaines immenses au soleil.

Maintenant quatre siècles ont passé, le monde a changé de face, le Nouveau-Monde s'est dressé en face de l'Ancien, et il n'y a pas bien longtemps, à propos de Cuba convoité. dernier rempart des expéditions espagnoles, les Etats-Unis d'Amérique ont rompu à coups de boulets l'erreur d'une supériorité européenne. Que d'évolutions, que de transformations accomplies sur ces terres tirées du néant par Colomb, en cet espace de quatre cents ans! Les générations ont passé, les existences ont disparu ; tout a marché, s'est transformé ; la vie s'est élargie, sur la terre des Indiens où trônaient les Caciques la civilisation s'est implantée. Aujourd'hui les peuples d'Amérique fêtent leur naissance à la vie sociale, en des agapes officielles. Demain l'Ancien-Monde usé, chancelant, abdiquera au Nouveau-Monde, peuplé de races jeunes, lui passant le phare de vie et d'éternel progrès.

Le 4 novembre 1908, la Guadeloupe comptait quatre cent quinze ans de découverte. Rien n'a marqué cet anniversaire qui a pourtant sa valeur. L'histoire de notre pays est ce qui nous occupe le moins. Qui se souvient que nous avons été même découvert ? On s'en souvient pourtant aux Etats-Unis, malgré la politique des partis et les élections présidentielles. Il est vrai qu'à la Guadeloupe l'histoire, l'art, l'idéal n'existent pas. Pauvre et douloureux pays! nous ne désespérons pas de toi malgré les temps. Colomb dans ses relations a noté son admiration pour « ces petites Isles, vrais bouquets embaumés »... Puissent un jour, dans des fêtes d'anniversaires, nos populations futures se pénétrer de l'œuvre qui s'impose à nous, dans des décors éternellement magnifiques de soleil et de verdures!

V

CONTES DE FÉES.

« Il y avait une fois à Paris, un petit garçon du nom de Charles Perrault.

« Devenu avocat et poète, il plaida beaucoup et fit des vers.

« Il devint premier commis de la Surintendance des bâtiments du Roi; fut membre de l'Académie française, de l'Académie des Inscriptions et Belles-Lettres. Tout cela était beaucoup et n'était rien.

« Un jour, à l'âge de soixante-dix ans notre homme publia un tout petit livre, *Les Contes de Fées*, et cela suffit pour lui procurer une gloire incomparable dans l'univers entier!

« Son nom est devenu immortel par les âges. »

Aujourd'hui qu'on élève un monument à Charles Perrault, dans un des plus beaux jardins de Paris, on ne saurait douter que l'histoire qui précède, malgré qu'elle en ait toute l'apparence, soit un conte :

Charles Perrault, en effet, ne connut la célébrité que par son beau livre de *Contes de Fées.* On se récria d'admiration. Autour de l'esprit du poète, les enfants émerveillés dansèrent en rond. Et ce fut toute une apothéose de joie et de contentement dans la gent enfantine.

Qui ne connait par cœur les contes de la *Barbe Bleue,* du *Petit Poucet,* du *Chat botté,* de *Peau d'Ane,* de la *Cendrillon* ou de *La Belle au bois dormant* ? Ce n'est pas vous, par exemple, et ni moi non plus ! Nous en avons tous ri, et même aujourd'hui nous répéterions volontiers le mot du poète contemporain de Perrault :

> Si *Peau d'Ane* m'était conté,
> J'y prendrais un plaisir extrême...

Charles Perrault qui fut un combatif, un romantique avant la lettre, plaçant les Modernes au-dessus des Anciens, ce qui souleva l'indignation autour de lui, écrivit un livre remarquable *Parallèle des Anciens et des Modernes,* qui ne lui valut pas la célébrité. Il n'aurait pas cru la Gloire si aisément accessible, telle la maison de grand'mère dans le *Petit chaperon Rouge,* où pour entrer il suffit d'un geste inspiré : « Tire la chevillette, la bobinette cherra ! »

Un savant historien de Florence, M. Perrens, dans des pages délicieuses, a commenté les contes de Perrault. D'autres littérateurs éminents ont fait de même. Maintenant on élève au conteur une statue. Mais sa véritable gloire est meilleure encore et plus universelle. Un homme de lettres, parlant de Charles Perrault, vient de le dire, dans une poétique idée : « Si une fleur, une seule fleur était offerte à cette statue par chacun de ceux qui ont lu, lisent ou liront les *Contes de Fées*, la statue, le beau jardin, la ville toute entière disparaitraient sous un féerique déluge de fleurs... »

VI

PROPHÉTIE.

Un professeur allemand vient encore une fois de prédire la fin du monde dans une période de temps très rapprochée. C'est tout bonnement triste que ces prophéties d'une fin générale, et il faut avouer que cela n'est pas généreux de la part des prédicateurs, dans un monde où la mort partielle cause déjà assez de désolations et d'inquiétudes. Espérons que la prophétie nouvelle, malgré l'assurance de son auteur, aura les mêmes suites que celles qui l'ont précédée, et que notre globe continuera pendant bien des siècles son évolution immuable, avec ses changeantes populations.

Ce n'est pas que la vie soit une chose meilleure pour qu'on y tienne avec excès. Généralement rien n'est plus mal apprécié que l'existence. La terre est « la vallée des larmes », et Dante y a dû un peu penser

en écrivant son *Enfer*. Personne ne tient à la vie...
seulement tout le monde y tient. Il y a du temps que
les prophètes obscurs se donnent le plaisir de nous
voir nous démentir. On connait les prédications et les
transes et les terreurs qui assaillirent les populations
de l'an Mil « Les églises se remplirent de monde et
toutes les mains se dressèrent vers le ciel » nous
disent les chroniqueurs. C'est un fait historique.
Cependant que le soleil tranquillement se levait
chaque matin et se couchait chaque soir, et que rien
ne changeait dans l'ordre naturel des choses. L'an
Mil s'écoula; devra-t-on recommencer, après dix
siècles d'existence, les mêmes angoisses aux approches de l'an Deux Mil.

Quand finira le monde ? C'est le point trouble qui
donne beau jeu à toutes les suppositions. Cyrano y
excellerait avec une pensée bouffonne. La science par
l'organe des savants tels que M. Camille Flammarion
y a déjà dit son mot. « Mais alors qu'est-ce donc ?
Comment finirons-nous ? » demanderont ceux qui
n'ont pas connu ou qui oublient les théories en ce
sens. Commençons depuis le commencement. « La
Terre s'est formée par la condensation lente d'un
anneau gazeux détaché du Soleil », nous dit M. Flammarion. Un autre scientiste, M. Bischof est de la
même opinion, et de l'état gazeux à l'état liquide,
pour passer de l'état liquide à l'état solide, de 2000
degrés à 200, il nous apprend « qu'il n'a pas fallu
moins de 350 millions d'années à notre globe ». Des
périodes d'années s'écoulent. C'est l'état primitif

7

primordial, puis l'état primaire, secondaire, ter-
tiaire, jusqu'à l'âge quartenaire qui a vu la naissance
de l'espèce humaine. En combien de temps tout cela?
Rien qu'en neuf millions six cent mille ans. Voilà qui
est gentil, et qui nous rassure un peu; mais attendons,
tout ce qui a commencé s'achève...

« La Terre est née. Elle mourra! » Elle mourra soit
de vieillesse, quand ses éléments vitaux seront usés,
soit par l'extinction du Soleil, à la chaleur duquel sa
vie est suspendue. Dans le premier cas, elle aura
encore des millions d'années à vivre, dans le second
des millions de siècles. Cette affirmation avait été déjà
faite par M. François Arago, elle a groupé les opi-
nions de MM. Sainte-Claire Deville, Berthelot, Vicaire
Rossetti, Pouillet, Zollner, Flammarion, etc. Et c'est
dit une fois pour toutes. Nous ne verrons la fin du
monde, ni vous ni moi, même en revivant l'âge de
Mathusalem. Des générations se suivront. C'est si
court l'existence humaine! Ne passons-nous pas bien
vite dans l'éternel décor? Et c'est longtemps, longtemps, bien longtemps après nous, dans des instants
improbables, que ... « Surprise par le froid, la dernière famille humaine sera touchée du doigt de la
mort et restera ensevelie sous le suaire des neiges
éternelles! »

Sans penser à tous les instants chimériques et
funambulesques, vivons tranquillement dans la foi du
lendemain dont le soleil ne fait doute. Les prédicateurs eux-mêmes en mettant cette idée en pratique,
ne s'en trouveront que mieux. La vie est encore

agréable, malgré ses chagrins et ses peines, et il dépend souvent de nous d'en améliorer le cours. Voguons à pleines voiles dans le rêve ! Tout passe, et ce qu'on a perdu, s'en est allé sans retour. Puisqu'il faut vivre si vite, et pour ne plus recommencer, ayons du moins le bon sens de goûter pleinement les instants qui fuient. Et en attendant que le monde disparaisse, ouvrons nos cœurs éphémères, fleurs des matins palpitants et des soirs douloureux, au soleil des jours meilleurs...

VII

CHARME CRÉOLE.

Quand le souvenir amoureux de Joséphine de la Pagerie, l'Impératrice de beauté déchue, hantait l'Empereur vaincu sur le rocher de Sainte-Hélène, il disait rêveusement : « Elle était tout l'art et toute la grâce ! »

Peu de drames sur la scène égalent le tendre et le pathétique de ce roman du cœur et de l'ambition, dont Bonaparte et Joséphine furent les glorieux acteurs.

Ce fut un mariage d'amour que l'union du pâle Chef d'armée d'Italie avec la belle créole. Le 19 ventôse an IV (9 mars 1796) la cérémonie civile eut lieu. Le jeune époux partait immédiatement pour l'Italie. Et alors c'est une kyrielle de lettres passionnées, où la tendresse chante harmonieusement.

Frédéric Masson, l'historiographe de l'Empereur intime, nous a initié aux drames du ménage consulaire devenu impérial. Toute une longue phase de caresses d'infidélités, de serments, jusqu'à la séparation. Cette séparation de cœurs créée par la raison d'Etat, et dont un mémorable centenaire vient de raviver la cruelle histoire.

Le 26 décembre 1809. Joséphine partait définitivement pour la Malmaison, disant à ses serviteurs en pleurs : « Dites-vous que je suis morte, et priez pour moi ! »

On n'a pu rendre encore tout ce que la créole a d'ineffable. Les grands yeux de nos aimées si profonds, si troublants, si tendres et si cruels, leur charme languide, leur teint ardent, leur front où la pensée a mis sa rêverie, leurs longs cils où la nuit a mis son doux mystère, leurs lèvres où l'amour a mis son enivrement...

Des peintres illustres comme Ysabey, Gérard, ont essayé de reproduire les traits de Joséphine. Elle était encore plus belle aux Tuileries que dans la petite maison de la rue Chantereine. « Sa grâce molle de créole, le charme de son joli visage au teint mat, encadré de cheveux châtains et éclairé par de grands yeux veloutés aux très longs cils... » faisaient d'elle une autre nymphe Iris.

Souvenir de la femme aimée conservé dans l'abîme profond de la défaite sans égale, où pleurait son martyre, tout ce qui vivait encore, à part la tendresse paternelle, dans son cœur broyé et allant être atteint par la mort, il l'exprimait, comme malgré lui, en face de la poésie tragique de la mer battant le roc, le pauvre Empereur de gloire et d'amour déchu :

« Elle était tout l'art et toute la grâce ! »

VIII

AUTOUR DU PRIX GOBERT.

L'Institut de France décerne chaque année deux prix annuels de dix mille francs, prix Gobert, accordés aux meilleurs ouvrages écrits sur l'histoire de France. Ces prix qui font l'objet d'une manifestation toujours solennelle, ont été fondés par le baron Napoléon Gobert, fils de notre compatriote, le général Gobert qui naquit à la Basse-Terre le 10 juin 1870. Le baron Napoléon Gobert qui eut pour parrain l'Empereur Napoléon Ier, en 1807, mourut en Egypte, où il voyageait en 1833, mais en mémoire des hauts faits d'armes du premier Empire qui avaient consacré son berceau, il fonda les deux prix de l'Institut. C'était aussi bien assurer un souvenir impérissable à son glorieux père, notre compatriote, le général Gobert qui se distingua partout en Europe, et dont une des pages de la vie se trouve dans l'histoire même de la Guadeloupe.

C'est le 2 avril 1802, (13 germinal an X), qu'appareilla de Brest, la flotte du contre-amiral Bouvet, conduisant à la Guadeloupe l'expédition commandée par le général Richepance, pour le rétablissement de l'esclavage. Le 15 floréal, cette flotte fut signalée au vent de la Grande-Terre, et le lendemain, 5 mai 1802, elle entra à la Pointe-à-Pitre. Le général Gobert faisait partie de l'expédition.

A la Pointe-à-Pitre, où une réception sincère fut faite aux débarquants qui cachaient leur mission, le fort l'*Union* et les points stratégiques de la ville furent occupés militairement par surprise. Le général noir Pélage, malgré ses protestations de fidélité, fut gardé à vue. Les soldats noirs furent désarmés. Dès lors commença la révolte. Le capitaine noir Ignace rassemblant les fuyards s'enfuit vers la Guadeloupe, et partout semant l'alarme de la trahison française, ils coururent jusqu'à la Basse-Terre, où le commandant de l'arrondissement, le mulâtre Delgrès avait juré de résister jusqu'à la mort. La lutte s'ouvrit aussitôt. Le lendemain même, le général en chef Richepance se rembarquait avec quinze cents hommes pour la Basse-Terre où ils arrivèrent le 20; et le général Gobert à la tête des troupes se jetait sur la plage, malgré la mousqueterie furieuse des révoltés, et après être parvenu à se rendre maître du rivage, emportant la batterie des Irois, occupait la Rivière-aux-Herbes et la Rivière-des-Pères, gagnant la campagne, tandis que les troupes de Delgrès se retiraient au fort Saint-Charles.

Le général Gobert fut chargé d'emporter la citadelle. Il s'empressa de faire déborder ses troupes de l'autre côté du Galion, mais essaya vainement l'assaut. Après la journée meurtière du 22 floréal, les assiégeants comprirent la valeur des soldats de Delgrès et les troupes blanches se démoralisant en face de la furie des noirs, on dut recourir aux soldats noirs désarmés à la Pointe-à-Pitre, retenus à bord des frégates. Le général Pélage lui-même fut convié à la lutte. O simplicité ! c'est toi qui fait le destin des temps... Le siège recommença avec plus d'acharnement. Dans la nuit du 24 au 25 une tranchée fut ouverte devant le fort. Le général Gobert se multipliait. Il s'agissait d'écraser l'insurrection d'un coup avant que les autres centres de l'île se réveillassent. Le nombre eut raison de la valeur. Dans la nuit du 2 prairial an X, par une audacieuse tentative couronnée de succès, Delgrès évacuait le fort avec armes et bagages, se retirant dans les hauteurs de la montagne ; poursuivi, il alla s'établir au fortin Danglemont, au Matouba, tandis qu'Ignace avec deux cents hommes, descendit vers Dolé. On connaît l'héroïque fin de Delgrès. On sait que prêt d'être vaincu par des troupes infiniment supérieures, il préféra la mort au déshonneur. Pendant les assauts successifs et tandis que les balles sifflaient, le héros brun, artiste à ses heures, assis sur l'affût d'un canon, jouait du violon à ses soldats. Héroïsme créole, que les meilleurs soldats de l'Europe n'avaient pas connu encore ! Le 8 prairial an X, tandis que notre soleil d'or poudroyait dans les espaces azurés, avec des splendeurs fulgurantes, Delgrès, voyant ses troupes débordées, mettait le feu aux poudres, et le fortin Danglemont sautait !...

Revenons à Gobert. Celui-ci avec huit cents hommes s'était lancé à la poursuite d'Ignace. Il l'atteignit à Dolé et lui infligea une défaite. Ignace n'était pas tacticien, mais était opiniâtre. Il traversa en coup de vent les Trois-Rivières, la Capesterre, recrutant partout des noirs, et quand Gobert l'atteignit une seconde fois au Petit-Bourg, il laissa celui-ci s'acharner sur une partie de ses troupes, pour courir sus à la Pointe-à-Pitre. Etrange jeu des événements! Ignace à la tête d'un millier d'hommes, envahissant la ville, se répandant vers Gosier et Sainte-Anne, sauvait l'insurrection. Un rapport erroné de femme l'en détourna. Pélage accouru aussitôt, resta à l'observer sans oser l'attaquer. Gobert eut le temps d'arriver. Ignace, autre Capoix guadeloupéen, comprit qu'il était perdu. Il s'enferma au fort Baimbrigde qui était désarmé. Gobert déployant ses troupes dans la savanne Stewenson, située au bas du fort, donna le signal de l'attaque. Ecoutons le rapport de ce général transmis au Ministre : « ... On compta après plus de huit cents morts, au nombre desquels était Ignace, et nous fîmes deux cent cinquante prisonniers...» Ignace avait reçu tant de coups qu'il était méconnaissable. Il fut trouvé dans un monceau de morts, et fut reconnu pas même à ses insignes d'officier, mais sur l'indication d'une de ses maîtresses, à un de ses pieds portant une légère infirmité. L'insurrection était vaincue... Ayons, ô oui ! un souvenir ému, douloureux pour ces victimes de la liberté, en même temps que nous parlons du vainqueur...

La guerre avait prit fin. Richepance, le général en chef de cette expédition réactionnaire, devait aussitôt mourir de la fièvre jaune, et sans aller reposer éternellement dans le même fort Saint-Charles qui, aujourd'hui en ruines, porte son nom. Gobert, lui, rentra en France. L'épopée napoléonnienne allait subir des phases cruelles. La guerre d'Espagne battait son plein. Notre compatriote y fut envoyé. Il devait y trouver la mort. Dans son *Histoire du Consulat et de l'Empire*, volume 9, p. 142, M. Thiers, l'historien de ces temps glorieux qu'il a si bien chantés, nous raconte ainsi sa mort dans la Sierra-Morena, près Baylen, le 15 juillet 1808 : « ..la division Gobert s'était amincie en s'allongeant dans les gorges de la Sierra-Morena... tandis qu'il dirigeait lui-même ce mouvement, le général Gobert reçu une balle au milieu du front .. »

Napoléon Gobert, en fondant les deux prix de l'Institut décernés aux meilleurs ouvrages sur l'histoire de France, a suivi les traditions paternelles, dans la tendance guerrière et l'orgueil national. Il a fait encore honneur à la Guadeloupe. Tout cela constitue notre gloire, le patrimoine sacré dont nous devons être fiers au nom de la petite île qui est notre mère à tous.

IX.

LES EXILÉS.

Lundi dernier j'allai à Basse-Terre. Le voyage par
le vapeur côtier qui dessert la ligne de la Pointe-à-
Pitre au chef-lieu et vice-versa, n'est pas si désagréable. En longeant les plages de cette partie de la
Guadeloupe, on voit se dérouler sous ses yeux d'admirables panoramas, des paysages saisissants : les
mornes sombres-verts de Sainte-Rose, les falaises de
la Pointe-Allègre, la côte escarpée de Pointe-Noire,
et le brusque jaillissement de la cité de Basse-Terre,
comme une longue chaîne de maisons s'étageant
dans des fouillis de feuillages, avec leurs toits rouges
ou blancs, corails et grains de sable s'étoilant dans les
replis des vagues vertes...

Mon frère Adolphe et moi, nous montâmes par les
rues tortueuses vers le Mont-Carmel. Nous passâmes
la rivière par le pont Bernus, nous voici dans le
« home » aux peintures blanches. Je regarde, charmé,
par les fenêtres ouvertes, d'un côté, au delà des toits
s'étageant encore, les flancs obcurs de la Soufrière
où traînent dans des miroitements de soleil, d'éternelles brumes. « C'est par là, nous disons-nous, que
monta Delgres, après sa sortie du fort Saint-Charles,
déjà désespérant de sa cause, allant dans les secrets
de la montagne, cacher sa fortune, sur des mulets
chargés d'or... » — De l'autre côté, la Basse-Terre

s'étale, couchée au bord de la mer toute bleue avec des nuances vertes ; et je ris en racontant ma désagréable maladie à bord de cette coque noire qui fume au long de l'appontement...

Nous descendons bien vite, je ne suis pas pour longtemps, et veux voir des amis. Au cours de nos visites, dans l'enfilade des rues, brusquement, Adolphe me fait entrer dans un petit salon où quelqu'un devait nous attendre : « C'est M. Luxembourg Cauvin, me dit-il, avocat, ancien ministre de l'instruction publique d'Haïti, ancien secrétaire d'Etat de la justice et de l'intérieur, en exil à la Guadeloupe. » Et nous voilà tous trois assis, traitant de quoi voulez-vous ? sinon de la question haïtienne : M. Cauvin nous parle de son pays avec une émotion, une foi qui double encore l'intérêt de la question.

Je l'ai dit bien souvent dans l'*Indépendant*, de la Guadeloupe et tout dernièrement dans une de mes chroniques de l'*Emancipation*, *Haïti et la race noire*, n° du 23 février 1907 : A la Guadeloupe, nous aimons Haïti, tout ce qui regarde la petite République noire nous intéresse, et nous faisons des vœux pour sa prospérité. Je le dis à M. Cauvin, et j'avouai ma souffrance de voir l'ancienne colonie française péricliter dans des luttes intestines :

« Oui, répondit l'ancien ministre, je sais que mon pays est aimé de vous, et j'apprécie aussi bien vos vœux pour sa complète libération... Car Haïti est encore esclave, esclave du pouvoir militaire despotique, et c'est là tout son malheur. Les chefs d'Etat

Haïtiens cependant ne sont pas toujours « portés au pouvoir avec brutalité ». Bien des fois, ils y sont arrivés sans violence, sans troubles, leurs prédécesseurs n'ayant pas été renversés par des insurrections. Ce fut le cas de Boyer en 1818, Pierrot en 1845, Riché en 1846, Soulouque en 1847, le général Sam en 1896. On ne peut penser à celui-ci sans se rappeler qu'en 1902, il quitta lui aussi spontanément le pouvoir dans des circonstances qui lui font le plus grand honneur.

— » Que penser de votre Constitution ?...

— » Notre Constitution certainement n'est pas parfaite? Ce qui est ma conviction, c'est que, tel qu'il est, notre code politique de 1889, sincèrement appliqué, suffirait à garantir à tous les citoyens le libre exercice de leurs droits, à assurer le fonctionnement rationnel des trois pouvoirs publics dans le sens de l'intérêt général bien entendu, à prévenir tout conflit entre ces pouvoirs, et à réfréner, au plus grand bénéfice de la prospérité nationale, l'autorité à peu près sans limite que le Président de la république s'attribue le plus souvent.

— » Craignez-vous l'annexion, lui dis-je?

— » Non! répondit M. Cauvin avec force, car il faudrait pour cela nous exterminer jusqu'aux derniers, et l'on s'établirait sur des ruines... Je conserve ma foi, nous dit-il, en nous serrant la main; Haïti par ses propres moyens, sans le secours de l'étranger, se fera prospère et belle, et accomplira jusqu'au bout sa haute destinée! »

Le soir tombe vite sous notre ciel tropical. Nous quittâmes M. Cauvin, avec promesse de nous revoir le lendemain avant mon départ, et Adolphe et moi, nous nous enfonçâmes dans les noires rues de Basse-Terre. Nous reprîmes la montée du jour. La rivière roulait plus furieusement dans la nuit. Et, en haut, avant de rentrer, je me retournai une dernière fois, saisi par l'impression de cette obscurité, y sentant battre confusément, tout là-bas, sous les lumières éparses, l'âme d'une population chère, qui s'apaisait, s'endormait au bord du rivage, avec l'éternel refrain berceur du vent et de la vague...

Le lendemain, M. Cauvin nous rendit notre visite du soir. Nous parlâmes encore d'Haïti, mais il fallait se hâter, déambulant par les pentes larges du chef-lieu, où le soleil levant semait ses traînées d'or, sous un ciel superbe, nous eûmes le temps de visiter deux autres exilés, MM. Ducasse, ancien député, et le général S. M. Pierre, ancien sénateur, industriel, candidat à la Présidence. M. Ducasse, aimablement, nous promis de venir visiter notre Pointe-à-Pitre, avant de s'en retourner « au pays », et M. Sénèque Pierre, tout ému, au souvenir de la patrie évoquée, nous remercia de nos vœux exprimés pour la vitalité d'Haïti.

On connaît l'impolitesse de ces coups de sifflets qui vous disent que le bateau n'attend pas... Adolphe et moi, nous nous jetâmes, comme des fous, pour courir au travers de la belle plage qui forme le cours Nolivos avec ses tamariniers ténus. Je m'embarquai,

et, ma foi, il n'était pas trop tôt. Bientôt, je voyais
s'éloigner les rives de la chère cité, patrie du poète
Léonard et du général Dugommier. Les murs rouges,
les toits clairs, les rues sombres se confondaient dans
les fouillis verts. Et je m'oubliai, assis à l'arrière,
fixant les sillages blancs d'écume du bateau glissant,
maintenant obsédé par un rêve indéfini, quelque
chose d'imprécis, comme une joie ou une douleur, où
montait une impression, un sentiment, l'amour si
puissant du pays natal...

X

CHANTS CRÉOLES.

Je me souviens d'une étude de André Theuriet,
l'académicien décédé depuis, sur les chants populaires
de sa province. Je l'avais lue, il y a assez longtemps,
avec un vif intérêt comme la manifestation d'un
hommage expressif et local. Et puis, en la lisant,
j'avais beaucoup pensé à nos propres chants populaires, à nos chansons, chansons créoles, disparaissant
au fur et à mesure avec des tendances moins expan-
sives; et sous l'impression de la docte relation du
maître, je n'avais pu m'empêcher de me dire : nous
aussi, nous avons nos chants populaires pleins de
sentiment et d'originalité !

M. le Dr Corre, après son passage en nos pays, dans
un livre beaucoup désapprécié, et cela justement, à

cause de ses erreurs systématiques et de ses malveil-
lantes appréciations, parle avec une sincérité meilleure
de nos chansons. Il cite la romance créole :

> Adieu foulard, adieu madras,
> Adieu grain d'or, adieu collier chou,
> Doudou à moin kallé pati,
> Hélas, hélas, cé pou toujou...

attribuée par quelques-uns à M. de Bouillé, François-
Claude-Amour, marquis de Bouillé, Gouverneur de la
Guadeloupe en 1768. Cette chanson créole, d'ailleurs,
est beaucoup répandue, et on la rencontre assez souvent sous la plume de tous ceux qui veulent bien
s'occuper de nos mœurs locales.

On reproche beaucoup aux airs créoles leur monotonie et leur uniformité. En effet, nos chansons ont
plutôt une tendance langoureuse, comme un épanchement toujours triste, et leurs musiques ajoutent
encore, avec une cadence traînante, à l'alanguissement de leurs paroles. C'est en vain qu'avec des
mots expressifs et pétulants, celles qui les chantent
voudraient parfois leur donner l'irrésistible élan de
leurs cœurs :

> Moin pouan guèpe-là,
> Avant minuit sonné,
> Moin pouan guèpe-là.
> Guèpe-là ka piqué moin...

la musique ramène le chant à la monotonie. Et la
cadence reste la même. Les traits gouailleurs, les
propos risibles eux-mêmes, telle que la chanson si

connue, entre deux chasseurs qui ne s'entendent point, mais du tout! sur leur produit de leur chassé :

> Compè cé rinard,
> Non, compè, cé chien...
> Gadé patte à bête-là.
> Non, compè, cé chien...
>
> Gadé pouèle à bête-là,
> Non, compè, cé chien...
> Compè, cé rinard,
> Non, compè, cé chien...

avec leurs paroles pleines de sel, restent en leurs musiques une éternelle ritournelle, un morne balancement. Quant aux airs politiques, ceux qui reproduisent des sentiments où nous sommes si ardents, ces airs qui partent comme des jets d'une sympathie outrée, vers le candidat aimé, des lèvres de nos femmes réduites à l'impuissance, mais pavoisant leur poitrine de toutes les couleurs de l'arc-en-ciel, ces airs chantés en des danses échevelées, au son du tambour, ou dans des manifestations de foule enthousiasmée, tel le fameux *Voyé li allé!* dédié à M. Hégésippe Légitimus,

> Voyé Sonson allé
> Pou li défenne nos intérêts...

ou bien celle-là, la note en faveur de M. Marie Emile Réaux, député, de la Guadeloupe en 1890.

> Réaux bombadé yo,
> Nous tini canon, nou tini boulé,
> Réaux bombadé yo...

et pour M. Auguste Isaac, député de la colonie en
1898, quittant les rives du pays natal :

> Roulo, bravo, bateaux-là déjà soufflé,
> Tant pri missié li Maire
> Quitté Isaac pati ..

enfin celle-ci lointaine, connue en notre enfance,
écrite, assure-t-on, par le chansonnier créole, Charles
Malette, né à la Pointe-à-Pitre, et retouchée pour
M. Gerville-Réache, député, alors à son apogée de
gloire :

> Réache ka brillé comme une étoile à l'orient...

tous conservent le caractère monotone de nos chants,
et porte l'empreinte d'un sentiment langoureux.

Mais ce qui nous constitue un manque d'impulsion,
une faiblesse, au point de vue de la poésie colorée et
chaude, fait justement notre incomparable faculté
dans la poésie sentimentale, entraînante et captivante. Nos airs par leur langueur, leur somnolence,
leur tristesse, attirent l'âme toujours prête à l'extase ;
et nous voici aussi bien irrésistibles ! Les airs créoles
quand on les écoute parfois sont comme ces airs
lointains, perçus vaguement, d'invisibles auteurs, telle
une musique de rêve ; c'est aussi un gazouillement,
un roulement de mots, où le cœur après s'être arrêté
suspendu, repose lentement. Nos femmes quand elles
s'y abandonnent, y mettent une sincérité, une expression intraduisibles. C'est leur cœur même qui s'y
épanche. Citons les deux lais d'amour :

> Rien du plus bel
> Et rien du plus joli,
> De voir ça moin aimé
> Couché dans bras à moin,
> Doudou di moin,
> Parmi toutes ci, la terre,
> Cé moin li pli aimé,
> Cé moin la préférée...

avec cet autre :

> Tous lé soirs en allant me coucher,
> Moin ka entenne on bruit, on scandale,
> Moin a demandé moins ki bitin éssa :
> Cé deux oreillers à moin
> Ki ka di moin moin trope aimé...

Laissons, laissons l'amour, et parlons de ce qui constitue, ainsi que je le disais tout à l'heure, le caractère même de nos musiques. On a cité les chants bretons comme les meilleures berceuses ; comparons-y nos chants créoles. On connait *la chanson du rouet*, de Georges Delmet, je crois, la berceuse par excellence, reprise ainsi :

> Le soleil viendra demain
> Faire fleurir le jasmin
> Moi je fil' tout en chantant
> Pour endormir mon enfant...

C'est très beau avec la musique, mais l'air créole ne l'est pas moins :

> Quand petite a moin kallé mandé tété
> Moin kalé bali mangé matété ;
> Dodo pitite,
> Papa trompeur,
> Cé maman tou sèle qui dans l'ambarras...

ou bien cet autre, si populaire, si somnolent, si juste dans sa naïveté :

> Dodo, pitite à manman,
> Dodo, pitite à papa,
> Si pitite épa dodo
> Gros chatt'là ké mangé li...
> Dodo, pitite à manman,
> Dodo, pitite à papa...

et tant d'autres répétés par nos mères et nos nourrices, dans des caresses indéfinies, mettant la douceur du sommeil enfantin sur nos paupières apaisées. Souvenirs d'enfance ! Qu'on se les rappelle, ces airs, entendus ensuite près du berceau de la petite sœur ou du petit frère, chantés tout bas, doux et vagues, un frémissement, une tendresse, tandis qu'on était venu, abandonnant la poupée ou la toupie, un doigt sur la bouche, pour regarder dodo bébé... Souvenirs qui disparaissent, hélas ! d'autant plus vite qu'à présent les chansons du berceau disparaissent elles-mêmes !

La berceuse créole si l'on voulait bien y porter cas réunirait bien des suffrages. C'est-là la meilleure partie de notre musique. *Dol ce far niente.*

> Dodo, l'enfant dômi,
>   Dodo...
> Dodo, pour maman-li
>   Dodo...
> Dodo, pour papa-li,
>   Dodo...
> Dodo, l'enfant dômi,
>   Dodo...

*
* *

Le créole malheureusement n'est parlé que par une quantité infime ; ensuite nous n'avons pas trouvé encore un Frédéric Mistral, l'auteur génial de *Mireille*, ce poème provençal écrit en langue d'*oc*, représenté des centaines de fois devant des centaines de mille de spectateurs dans les vastes Arènes d'Arles, pour conquérir ensuite Paris ; nous avons eu des chansonniers locaux inconnus de nous-mêmes, et c'est avec effort qu'on trouve aujourd'hui la copie d'une œuvre de Beaudot le poète, cet autre enfant de la Pointe-à-Pitre, ou bien un volume des *Bambous* de Marbot, autres poésies créoles, réimprimées pourtant à Fort-de-France, Martinique, à la librairie Frédéric Thomas, en 1869.

Et nos chants les plus populaires, les meilleurs, les plus originaux s'oublient, se perdent, ne sont pas renouvelés. Nos petits neveux ne les connaîtront pas. Ils s'en iront, nos airs créoles, enfouis sous les débacles et les envahissements du passé, tels ces contes enfantins, si naïfs, si étonnants, déjà disparus, la joie de notre enfance. Et l'on se trouvera un jour, dans la réalité, vide de rêve, vide de chimère, tel, autre enfer de Dante, un monde sans ciel !

Sous le Ciel Bleu

DE LA

GUADELOUPE

—

IV

Poèmes des Mois.

I

JANVIER.

L'heure fleurie...

Le mois de janvier est le mois qui passe le plus vite. Février même qui n'apporte en lui succédant que vingt-huit jours, ne s'achève pas avec autant d'imprévu. C'est que c'est le mois des souhaits et des vœux de toutes sortes, c'est le mois de l'Espérance ; l'Année s'est assise sur l'éternel trône du temps, couronnée de roses vertes ; et comme rien n'est plus doux à vivre comme l'illusion de l'espoir, ce mois fuit tandis que nos cœurs encore s'attachent à la chimère de ses jours où ne s'épanouissent point encore les lilas des déceptions...

Qui donc a présidé à nos premières destinées, nos premiers désirs, nos premiers vœux, à nos premières souffrances, nos premières joies, à nos premiers efforts, nos premières œuvres, pour que tout soit si bien partagé, pour que la vie en elle-même soit si mauvaise et si douce en même temps, pour que tout soit à l'encontre de nos rêves et nous satisfasse aussi bien, pour qu'enfin la vie soit la vie, c'est-à-dire la chose la plus douloureuse, la plus heureuse, la plus honnie, la plus aimée, la plus invraisemblable et la plus réelle, la plus étrange et la plus simple, tout ce que l'on ne comprend pas, tout ce que l'on ne saurait résoudre, dans sa course immuable et changeante, toujours de même et toujours autre?... Qui donc a présidé à nos premiers âges? Car, en somme, la vie ne serait rien sans ses qualités ou pour mieux dire ses défauts. Elle nous fait, nous la faisons. Elle se prête, la coquette, à tous les falbalas d'illusions et d'enfantillages dont nous l'affublons; elle reste impénétrable, et son mystère sait ne pas être effrayant; c'est la divinité qui tue en souriant; et le meilleur est qu'on y entre avec des espoirs, pour en sortir encore avec d'autres espoirs...

Nous serions-nous créés nous-mêmes, dans la succession des âges, nous servant inconsciemment de l'expérience de chaque jour, faisant bien, faisant mal, recommençant encore, ordonnant et subissant la vie petit à petit jusqu'à la faire comme elle est, confectionnant notre monde, dans le labeur des agglomérations d'abord, des associations et des sociétés ensuite, instruisant notre cœur, meublant notre esprit, dirigeant notre âme, notre pensée dans des horizons toujours nouveaux, jusqu'à arriver à ces êtres très imparfaits encore que nous sommes, à ce monde critique constamment où nous évoluons, à cette vie mal faite, oh! combien, que nous vivons? Sommes-nous nos propres auteurs?... Les temps par eux-mêmes nous auraient peut-être aidés, et, comme la vitesse accrue par la vitesse elle-même, la vie sans doute a dû faire la vie, le monde a fait le monde, et nous voici continuant l'éternelle évolution, sans savoir, accomplissant une œuvre que nous ignorons, remplissant un destin qui n'est pas le nôtre, dans l'éternité du labeur mondial, au cours des périodes infinies et des successions humaines...

Janvier fleuri, le vieux Temps a mis une rose à sa boutonnière. Le bonhomme s'est rajeuni, et précipitant les phases du monde qu'il emporte, il a subi toutes les variations de la mode, depuis le costume antique, après la robe sans couture de Noé, passant par la cotte de mailles du moyen-âge, jusqu'au pourpoint dentelé de la Renaissance. jusqu'à l'habit noir des Babylones actuelles ; il conte fleurette à la Destinée qui ne l'écoute pas ; coudoie la Fortune qui lui fait la pirouette ; et toujours rajeuni, et toujours vieilli, Job éternel pour perdre ses enfants et en avoir toujours, les jours dont il ne compte plus le nombre de ceux qui succombent et de ceux qui naissent...

Janvier fleuri, faisons comme le Temps : mettons une rose près de notre cœur, lutinons le destin en échangeant des bouquets de compliments liés par les rubans du souhait et parés des pompons du rêve. Tant mieux pour les jours qui passent vite ! Les cœurs heureux n'ont pas d'histoire. Vivre vite, c'est vivre bien. Tourne, tourne la roue de Fortune. Puisse l'année courir aussi vite. Janvier fleuri ! et nos cœurs battent plus précipitamment, et nous oublions les jours douloureux. La vie est l'aube éternelle où nous attendons l'éclosion d'un soleil toujours nouveau...

II

FÉVRIER.

Beaux masques, où allez-vous?...

Février qui s'achève, entraîne avec lui, dans le
néant des choses mortes, le Carnaval bouffon et gai...
Mars, — oh! le triste mois du carême, du carême
prolongeant ses quarante jours d'abstinence, — Mars
étend le linceul des réalités plutôt tristes sur les
gaietés bruyantes encore des mascarades et des bals.
Pourquoi, sans transition, devons-nous passer ainsi,
de la joie folle au jeûne et au recueillement? N'est-ce
pas, ô Destin! comme ta main de marbre qui nous
interrompt, nous enlève, nouveau don Juan, au festin
joyeux où règnent le rire et les illusions...

Ayons quelques regrets, voulez-vous, lecteurs,
pour les jours gais qui s'en vont. Le Carnaval est
vraiment trop vite délaissé, sinon oublié, par ceux-là
mêmes qu'il a le plus contentés. La mode chez nous,
est de l'enterrer tout vif, sur un coin de rivage ou
dans quelque plis de gazon, avec des rires et des
psalmodies moqueurs. Et puis... c'est fini, l'on n'y
pense plus. Pauvre Carnaval! jettons-lui en passant
quelques fleurs, de ces fleurs qui n'ont pas de parfum,
qui n'ont pas de couleur, et qui embaument pourtant,
et qui plaisent le mieux cependant, les fleurs meilleures du souvenir.

... Ecoutez, partout s'égrennent les musiques sonores des bals. L'air est plein de rumeurs et de fanfares. Sous des ciels constellés, comme « de vastes champs d'azur » piqués d'or, où la nuit vainement a tendu ses funèbres voiles, où parfois, dans sa suavité qui s'épanche, monte une délicieuse Phébée, dans les soirs tièdes, des bouffées de joies, des trilles d'ivresses, des légions de rires s'épandent, avec les notes ardentes, et expriment le bonheur. Ah ! ces soirs de fête, où dans les salons parés, en féerie, pleins de parfums grisants et d'effluves magiques, en rondes savantes, danseurs élégants et danseuses mièvres, fleurs de chair en collerettes de gaze, — tournoient et glissent comme des sylphes...

Regardez, c'est l'instant propice, dans un jour superbe, plein de déguisements baroques et de travestissements extravagants. Les rues sont pleines de spectacles désopilants. On dirait que les soucis n'existent plus. Sous un beau soleil qui poudroie, dans la langueur des vides après-midis du dimanche, regardez, et cela vous distraira un peu, que ces tintamarres et ces bouffonneries, et ces contorsions, et ces folies de fous qui ne le sont pas...

Voilà ce que le Carnaval chaque année nous offre, et, chaque année, nous lui jettons l'affront de notre ironie à la face ! C'est pourtant lui qui nous donne le plus d'agréments. C'est lui, quand nos transports sont défunts, qui nous fait le plus ressouvenir des jeunes émotions, dans l'arôme des mêmes ivresses. C'est lui qui, malgré l'angoisse des jours accrue, ne

perd rien de ses plaisirs traditionnels. Il nous ouvre
l'année, hélas, et ce n'est pas de sa faute si, après lui,
les jours se succèdent mauvais, dans un sort impi-
toyable, pour nos cœurs broyés toujours...

Et voilà que Février s'en va. Mars arrive. Le Carnaval est mort. On se hâte de jouir de ses derniers
jours. Son agonie est encore meilleure. Mourir est
son apothéose. Tout à l'heure, au soleil levant, dans
une dernière ritournelle, danseurs et danseuses,
masques grotesques, parmi des éclats de rire, au sein
des lazzis, iront le mettre en terre. Et puis... l'injuste
oubli. — Et moi, j'ai fait ce rêve, du petit dieu Amour,
chérubin portant carquois, qui, en reconnaissance
des services rendus, agenouillé sur le marbre oublié
du tombeau, graverait au-dessous du patronymique
Carnaval, ces seuls mots pour les ingrats d'ici-bas :
« Souvenez-vous ! »

III

MARS.

Mars, adieu...
Bonjour, Avril !
Voilà que Mars a pris fin avec sa monotonie et ses
jours vides. Mars, c'est le mois du Carême, le mois
d'abstinence. Les cérémonies religieuses consacrent
son cours. Ses jours ont fini avec leur soleil d'or fauve
sur des horizons gris, commençant par des aubes

pâles d'une gamme alanguie, avec des crépuscules émouvants où sur un couchant mordoré s'épanouissent les lilas du regret et les myosotis du rêve.

Mars repose de l'exubérant espoir de Janvier et des tintamares carnavalesques de Février. Les bruits de la nouvelle année s'apaisent. Sur l'éternel sillon du labeur humain s'étend comme un apesantissement. Pauvres souhaits de bonne année! Pauvres vœux échangés! Pauvres plaisirs du bal et des mascarades! vous vous êtes en allés bien vite... N'est-ce pas hier qu'on exaltait la nouvelle année au berceau? Tu fais bien, mon cœur, de ne pas croire aux fleurs éternelles et aux rêves qui ont un lendemain.

J'aime ces périodes d'une existence sans existence à force de langueur. La vie, à ces moments, semble être une veuve pleurante sous des voiles de deuil; elle a perdu le sans-gêne qui même dans la douleur reste un charme. C'est en vain que le soleil d'or plane des heures dans la coupole étincelante du jour, c'est en vain que de la nature ardente monte des désirs de joie et des épanouissements d'amour; ce ne sont pas les choses qui font la vie, c'est l'être lui-même. Nous nous sommes commandé la tristesse, et la tristesse est venue. N'est-ce pas que c'est doux de sentir la paix autour de soi et en soi, et d'avoir l'illusion qu'on se repose? Les jours tristes ont aussi leur charme; après les heures folles qui font tinter le cœur comme un grelot vivant, jouissons des heures vagues qui mettent dans l'âme la poésie du silence.

Les jours s'allongent depuis Mars. Plus de soirs

brefs sur les cieux où hâtivement les ombres ont étendu leurs décors flous. Maintenant le soleil, au bord de l'horizon en feu, peut s'oublier un instant, dans ses derniers reflets, avant de s'abîmer enfin dans son lit d'or et de pourpre. Et longtemps, après sa disparition, les teintes bleues et roses frissonnent sur l'Occident. Le crépuscule se traîne, le ciel s'assombrit, des points d'or d'étoiles percent et clignotent, voilà la brise du soir très froide qui annonce la rosée, voici les vibrations de la cloche qui sonne l'angelus, voici enfin la nuit avec ses pauvres lumières terrestres, voici le sommeil et l'oubli : Chère, tes paupières déjà s'apesantissent, l'espace d'un jour, et que d'espoirs et de roses mortes autour de nous qui épousent le sommeil de la mort !

Tu sais que parfois quand les jours sont tristes, je te fais t'asseoir à côté de moi, appuyer ta tête chaude sur mon épaule, et, comme dans un songe, évoquer avec moi les jours enfuis ? Nous parlons des joies et des tristesses lointaines. Dans le passé la douleur et le plaisir ont la même saveur. Nous restons des heures à ne rien dire ; le silence parle pour nous. Quand les lèvres se taisent, le cœur se met à parler. J'entends parfois mon cœur qui bat plus fort dans le souvenir. Et je souffre en pensant que chaque battement emporte un peu de rêve et de jeunesse. Ce qu'on perd le plus facilement, c'est ce qu'on ne peut jamais reconquérir. J'aime ainsi les heures silencieuses de la vie, où l'on trouve le parfum des autrefois, la douceur des auparavant, l'amour des jadis, et ce m'est une joie exquise que ces instants dont la langueur grise enveloppe comme un bain de clair-de-lune...

C'en est fait de Mars Adieu beau mois de langueur! Tes jours vagues ont annoncé les jours parfumés d'Avril. Avril avec son rire gai rompt bientôt notre vie calme. Mais d'exubérance et d'amour! Mois heureux où le soleil éclate comme une bouton d'or sur nos fronts! Déjà Mars est entré dans l'autrefois; en humant les roses d'Avril, ayons-lui un doux souvenir. Quand nos cœurs frissonnants reprennent la ballade de la joie et de l'amour au renouveau, édifions les nouvelles tendresses en les unissant à celles d'hier qui nous ont appris la douceur des larmes et le charme des pâles extases, dont le souvenir est meilleur dans l'envolée du rêve rose!

Mars, adieu...

Bonjour, Avril!

IV

AVRIL.

l.a fête des fleurs.

J'ai rêvé que j'étais vieux, très vieux, n'ayant que des souvenirs frissonnants et froids dans mon âme lasse, avec des amours anciennes, des rêves brisés, des illusions mortes jonchant mon cœur sans écho, sans parfum et sans vie!

Les jours étaient pâles, des jours longs, ternes
comme l'ennui, lourds comme la honte, épongeux,
traînants, sans soleil d'or, sans aurore, sans crépuscule, avec rien qu'un indéfinissable regret, dieu atroce
accroupi sur mon cœur, dans l'émotion d'un deuil
consacré par les cheveux blancs...

Comme la vie s'était enfuie ! Eh quoi ! en ces
mêmes lieux, sous ces mêmes cieux, dans ce même
décor alors féerique pour un âge enthousiaste,
j'avais vécu crédule et insouciant, brûlant les heures
heureuses, chassant les jours de joie à grands coups
d'espoirs nouveaux et de rêves fous ! La vie s'en était
allée... Voyageur descendu de l'autre versant de la
montagne, je me retourne en vain. Et voilà que je
m'assieds, dans le vent froid, et grelotte en pensant
à moi-même, à la paix, au bonheur perdu, dans les
batailles d'un cœur qui ne craint pas de faire de la
vie un rêve dont on se réveille un jour, trop tard !

C'est la fête des fleurs. Voici Avril dont le berceau
fleuri embaume, dans l'extase d'un jour ravissant. Les
fleurs inclinent la tête et parlent. Elles disent :
« Regardez la Rose qui meurt par la crainte de mourir ! » Elles disent : « Voyez le Réséda qui meurt par
la crainte de vivre ! » Avril offre l'immaculée robe
des Lys, la dentelle des Marguerittes, les lèvres
rouges du Coquelicot, le velours de la Pensée, la
simplicité de l'Œillet, les parfums de la Verveine, les
yeux bleus de la Pervenche, le sourire des Lilas, la
grâce du Jasmin, le charme de la Violette... Avril
garde mon cœur et le vôtre, tout l'amour, toute la

poésie, dans son éclosion qui est un parfum de Rose !

Le soleil est monté au haut de la tour du ciel, et, céleste archer, il lance ses flèches de feu sur les pauvres mortels que nous sommes ! Du carquois rougissant, il tombe, il tombe des dards enflammés, à la penne bleuie, à la tige fauve, en des éclatements de safran et des reflets rouges, tels des baisers de pourpre et d'or...

La terre est heureuse, et mon âme aussi. La brise indiscrète répète ce que disent les papillons bleus autour des roses en fête : « ... Goutons ce bien d'un jour, qui est le moment infini d'un éphémère amour ! »

Au réveil de mon rêve, je n'ai pas compris d'abord tant ma vie à moi-même m'a paru autre, délicieuse et pénétrante, dans un bonheur que je croyais perdu à jamais et qui m'appartenait encore. Moi qui méprisais les fleurs, j'ai dit : « Vous êtes les amies de mon cœur ! » Aux Etoiles : « Vous êtes les sœurs de mon âme ! » Aux papillons : « Vous ressemblez à mon rêve ! » Je ne croyais à rien, je crois à la vie. O vous qui restez incrédule, et qui vous faites la vie cruelle, y pensez-vous ? Comme il est simple d'être sage et facile d'être heureux !

J'ai rêvé que j'étais vieux, très vieux, au déclin de la vie .. et voilà que je me trouve jeune, très jeune, au mois d'Avril, le mois enthousiaste d'amour ! Mon âme est partie aussitôt toute chaude sur les ailes de la Chimère bleue, et mon cœur a grossi, a grossi pour aimer beaucoup encore : le soleil y a mis toutes ses flèches d'or, la brise ses chansons, les fleurs leurs aromes, et voilà que mon cœur sonne, il sonne, il sonne, mon cœur, comme un grelot de chair vivant, le carillon des jeunes vœux, à la fête de la vie !

V

MAI.

Seul mois d'amour.

Les derniers jours d'Avril s'achèvent. Les matins froids des premiers mois de l'année ont fini ; les soirs s'attiédissent. La brise n'est plus piquante et saccadée comme autrefois. Tout s'est fait plus sympathique ; le ciel bleu dans sa beauté, le soleil dans son ardeur, et voici que s'ouvrent à profusion les fleurs.

Doux mois de Mai, mois embaumé, qui viens charmer nos cœurs, dans ton charme et ta poésie, tu fais tout fleurir, et la couronne de roses qui décore ton front riant, s'égrène en pétales joyeuses, comme des papillons de rêve et d'amour. De doux frissons agitent l'air, la vie voudrait-elle se faire caressante ; et les souffles vagues qui effleurent notre joue avec des battements d'ailes, serait-ce des baisers de tendresse ?

J'ai dit à mon cœur : « Ouvre-toi comme la fleur matinale avide de soleil. Longtemps le froid des tristesses t'a enveloppé, la nuit des chagrins t'a couvert ; mais il suffit d'une heure heureuse pour faire oublier des jours de larmes Voici Mai, le mois des fleurs, voici Mai, le mois d'amour, où tout fleurit, où tout aime, dans un joyeux renouveau : ouvre-toi mon cœur, aux vols des éternels rêves, et fleurit, et aime ! »

Elle n'est donc pas morte, la Poésie, malgré tout le matériel des jours présents ! On a beau vouloir oublier l'idéal, vivre d'égoïsme ; un matin, par la croisée, filtre un rayon de soleil, messager céleste et gai, il dit : « Ouvre tes paupières, dormeur, ouvre ta croisée ; le ciel est plein de clarté ; dans des baisers palpitants j'apporte l'espoir d'un beau jour, et c'est la vie que je donne, en mettant, quand fuit la nuit, dans tes yeux l'or du soleil, dans ton cœur un autre amour ! » Il dit, et voilà qu'on se sent le cœur battre tendrement, et quand le cœur bat, voyez-vous, c'est l'amour, et c'est la poésie !

Je te prendrai par la main, ô amie, amie de mes songeries, et nous nous en irons tous deux dans les sentiers du rêve La Chimère nous sourira comme à ses enfants. Tout là-bas l'aube rose s'épanouit comme une fleur et nous appelle. Et le soleil d'or mettra des frissons riches dans tes cheveux. Nous nous en irons, veux-tu, sans savoir où nous allons, sait-on jamais où l'on va dans le rêve ! Loin des désespoirs d'ici-bas, loin des mécomptes et des haines, nous voyagerons dans le pays des illusions. Reviendrons-nous ? l'on revient toujours du bonheur ; mais quand Mai, le mois fleuri, aura égréné ses roses, au retour des jours plus tristes, nous aurons des souvenirs, et dans ce monde où tout passe, ô chère, les souvenirs sont encore le meilleur bien.

VI

JUIN.

Jours de mélancolie.

L'ennui est la maladie commune. Tous ont connu ce mal qui étreint les forts et les faibles, surtout les forts, dans la monotonie harassante des jours. On est ennuyé des choses qui changent pour être toujours les mêmes; on est ennuyé des êtres ennuyeux et ennuyés eux-mêmes; on est ennuyé de tout ce qu'on a et de tout ce qu'on n'a pas, des rêves qui s'en vont, des labeurs qui restent, de la vie et de soi-même!

C'est comme une grande lassitude qui pèse et qu'on ne peut secouer. C'est comme une profonde déception à laquelle on ne s'attendait pas. C'est comme une faiblesse captivante qui abat les sens et la volonté. C'est comme une chute, une chute insondable où l'on se trouve grandi pourtant, puisque dans la débâcle de soi-même on prend encore tout en pitié.

Le mal d'ennui est sans remède. C'est un mal sans volonté, sans regret et sans espoir. Moins profond que le désespoir, mais pourtant non moins cruel, il pénètre le cœur et la pensée, dans l'alanguissement de l'être. Et le mal physique suit bientôt le mal moral. C'est du spleen, de l'hypocondrie, de la neurasthénie, de la nervosité, tout ce que la science maladroite des hommes a désigné pour un mal incompris dans le mystère implacable du sort.

Juin, c'est le mois des cieux gris et des soirs lourds, le mois des longues rêveries. As-tu peur, mon cœur, de t'ennuyer aussi aux tremblants rayons d'un soleil qui paraît malade? La vie est triste ou gaie, un peu comme on se la fait. Aimer l'existence la rend plus aimable. L'amour est le secret du bonheur. Les prêtres antiques, en sacrifiant au mois de Junon, emplissaient de fleurs les portiques et faisaient défiler des femmes couronnées, comme pour imposer l'amour et la beauté, adoucissant d'illusion l'esclavage de la vie; comme eux, imposons aux jours stériles l'espoir et le charme quand même du rêve et du sentiment.

VII

JUILLET.

Fête du soleil.

C'est midi. Le roi du jour est au zénith. Ses milles feux s'épandent sur la ville qui grouille dans une rode ardente, avec des frissons sous les rayons dorés. Le ciel vaste d'un bleu d'azur se déroule superbement, et l'on frémit au contact de l'air qui brûle et ne consume point.

La vie est heureuse avec le soleil. Rien ne rend le

labeur facile et actif comme un jour clair. La ville est en fête. La population bruyante met des rumeurs partout. Ce n'est pas comme les jours de pluie, jours d'hivernage, où sous les portes ruisselantes d'eau, on reste des heures à fixer le ciel gris, dans l'attente d'une accalmie...

Midi! les douze coups de l'horloge se sont égrainés dans l'air avec des vibrations sonores. Le soleil de Juillet annonce les jours d'hivernage prochain. Tout à l'heure l'astre en feu fera tomber les fleurs à peine entr'ouvertes, les gorges pâmées, dans un désir de vie convulsée. Juillet annonce les chaleurs d'Août et les pluies de Septembre.

C'est la fête du Soleil. Le souverain du jour dans sa royale splendeur jette son or à la Terre, où s'étend, monte, telle une meilleure prière, la chaude palpitation de la vie du monde en travail.

VIII

AOÛT.

Les vacances.

Voici que sont ouvertes les vacances avec le mois d'Août..

Nos écoles ont fermé leurs portes. Les écoliers en débandade, comme des oiseaux échappés de la cage, se sont prestement dispersés. Maîtres et maîtresses s'apprêtent à jouir d'un repos bien gagné. L'on quitte la ville et les communes où la chaleur fait rendre l'âme. C'est un va et vient de gens affairés aspirant après les tranquillités verdoyantes, et qui pour se délasser se lassent davantage...

C'est la saison morte pour les chroniques et les comptes rendus. Tous sont avides de calme et d'oubli. A l'encontre, d'ailleurs, de ceux qui s'embarquent dans toutes les entreprises douteuses, les gens qui cherchent le bonheur n'aiment point qu'on parle d'eux. Rien n'est égoïste comme le sentiment de la joie. Au seuil de la saison heureuse, chacun a l'intime conviction d'accomplir son rêve. Et c'est l'éternelle chimère, l'oiseau bleu du conte qui s'envole sans cesse aux approches de la main, l'illusion du cœur, exquise parce que fuyante, et fuyante parce qu'exquise ?

Chaque année, les vacances nous ramènent le même contentement. Les beaux jours sont rares dans la vie, aussi ceux-ci sont-ils toujours les bienvenus. Même pour ceux qui n'en jouissent point, l'allégresse des autres est un plaisir, et la fête est commune. Les mêmes instants procurent les mêmes projets et les mêmes joies. Le bonheur est un peu le miroir autour duquel les cœurs, autres alouettes, tournent et tournent inlassablement, en une ronde de désirs enguirlandés... ils tournent, s'égrènent, capitulent, remplacés à l'instant, toujours autres et toujours mêmes...

Quand Octobre avec ses jours bruns viendra clore

la saison mourante, chacun sera rentré dans la réalité interrompue, et l'œuvre de travail un instant arrêtée captivera de nouveau les esprits. Durant ces jours qui s'écoulent on aura vécu d'illusions entrecoupées, de contentements courts, et de sensations éphémères. Car rien n'est jamais parfait ici-bas : les plaisirs ne sont jamais goûtés entièrement ; toujours la coupe des tristesses ou des joies garde un peu de la liqueur mauvaise ou douce, et ainsi l'âme reste toujours suspendue, dans une effusion inachevée, tels ces songes heureux ou tristes qui n'ont pas de fin, fauchés brusquement par le jour....

Voici que sont ouvertes les vacances avec le mois d'Août... et mon cœur, tandis que j'écris cette page, bat plus vite. Ses battements précipités me rappellent les vacances d'autrefois, celles de mes jeunes ans, et je pense aux jours enfuis, aux jours disparus avec une soudaine tendresse. La vie brève est encore pleine de réminiscences. Qui sait si les vacances meilleures ne sont pas celles qu'on regrette?... Les jours n'ont de poésie et de charme, pour nos cœurs ouverts à toutes les déceptions, que dans le voile rose de l'avenir où ils s'estompent prêts d'éclore, ou dans la nécropole du passé où ils sommeillent avec des cyprès autour. .

IX

SEPTEMBRE.

L'hivernage.

Nous voici aux nuits froides de l'hivernage. Les jours sont raccourcis. Le soleil disparaît bien vite dans sa course plus précipitée dirait-on. Et le ciel se fait gris de cendre, un ciel triste où des flocons blancs s'amoncellent, où des nuages légers roulent sous le vent qui s'endort, s'étendant comme un tapis cotonneux, marquant le bleu de l'infini ou s'épanchent en de claires ouvertures tous les nostalgiques regrets...

Septembre est le mois des éclaircies de soleil et des brusques pluies. L'an s'achève, et l'on dirait que la nature elle-même observe nos sentiments. Le vieux Temps sur son trône éternel répand en secouant son manteau, les tristesses et les frimas. Tout se fait vieux dirait-on. On se retourne en arrière malgré soi, et l'on sent que la vie s'échappe, coule, disparaît, dans une éternelle inconstance qui nous laisse sans cesse isolés et déceptionnés...

En présence de cette déroute des jours, parfois les regrets de l'existence nous prennent, et nous nous surprenons à penser aux instants écoulés, et déjà si loin, avec une impression de tristesse. S'il était possible de recommencer de vivre, nous l'aurions fait volontiers, avec l'avantage d'une expérience que nous croyons acquise. Mais on ne vit pas deux fois... On ne retrouve jamais ce qu'on a perdu. Chaque pas que nous faisons est irrémédiable. O nos jeunes ans, où êtes-vous à présent? Comme nous vous aurions vécus avec joie, si nous savions! Et voilà que les âges ont tout fauché dans nos cœurs, tout a été gâché, perdu sans retour, et nous restons comme des épaves, accrochés aux rives de la vie que nous aimons et que nous désirons quand même...

Sur les labeurs ingrats, nous voici courbés, à peine avons-nous le temps de lever notre face au soleil. Autour de nous, dans la nature, tout se montre sympathique et grand; nous seuls vivons en esclaves impuissants. Nous parlons d'art, de poésie, de beauté et d'idéal, notre âme, nos désirs s'envolent dans des essors tout bleus, et il faut pendant ce temps que nos mains se brisent dans des métiers douloureux. La vie nous asservit honteusement. O mon rêve, ô ma pensée, n'est-il pas une autre existence où l'on peut vous vivre entièrement? Chaque jour impose son labeur. Nous n'avons jamais fini. Avons-nous commencé même? Et l'éternel troupeau tourne, tourne, la chaîne sans fin, s'épuise sur les traits, tandis que dans l'air étincelant, claque le fouet du destin...

L'hivernage! L'an s'achève, à côté des angoisses et des déceptions du vieux monde, quand une nouvelle ride se pose sur nos fronts soucieux, l'Espérance au visage riant, vient s'asseoir au seuil du nouvel an. Il n'est pas éclos encore, et déjà nous y puisons une pensée joyeuse. Que de rêves et de vœux renouvelés!

Comme nous sommes inconstants et naïfs! Et comme le bonheur, cette chose si difficile, est ironiquement facile! L'an s'achève, et quand nous pensons aux jours écoulés, nous pensons aux jours à venir, et la larme ne coule point, car le cœur humain, tel l'emblème mythologique, tandis qu'il est dévoré en partie par le regret d'hier, est en partie sans cesse renaissant avec le souhait de demain.

Quand Septembre finira, nous vivrons les jours des derniers mois avec un égoïste empressement. Puisque l'année s'en va, qu'elle s'en aille, dirons-nous! Et l'ayant maladroitement vécue, nous la finirons encore plus maladroitement. Heureusement que la vie est faite de maladresses. La loi du bonheur est la naïveté. C'est une royauté qui tombe est bientôt le nouvel avènement aura emporté tous les cœurs : l'Année est morte, vive l'Année! — En attendant, fermons portes et volets, c'est l'hivernage!

X

OCTOBRE.

La rentrée.

Maintenant les vacances s'achèvent. On pense au retour dans un sentiment alangui. Comme les jours ont passé vite! A peine croit-on avoir goûté ces instants où l'on espérait vivre un peu. Et dans le trouble des retours et des migrations, achevant la saison heureuse, on s'étonne qu'elle se soit écoulée si vite et si sottement qu'on ne comprend pas...

C'est ainsi que les heures fuient, nous laissant constamment déçus dans leur rapidité. Les joies qu'on espère rarement s'accomplissent. Le bonheur est fait à l'avenant, mais toujours autre et contraire à nos désirs. Rien n'est bizarre comme le destin. C'est ainsi que nous attendons éternellement une satisfaction chimérique ; et tout le secret de la vie est l'éternelle erreur qui emplit notre esprit et fait notre éternelle espérance et notre éternelle foi.

Durant les derniers jours des vacances, on s'efforce de goûter avec une recrudescense de désirs la période expirante. C'est qu'il n'est plus temps de rien délaisser. Et l'on semble vouloir tout absorber des agréments inatteints. Les parties se succèdent, les excursions, les promenades se renouvellent, les réunions sont plus fréquentes ; parfois un retardataire arrive à la dernière heure ; toujours ces moments ont un caractère plus fébrile et plus saccadé. Comme ces battements du cœur qui aux instants extrêmes se précipitent et doublent l'impulsion de la vie, de la douleur ou de la joie...

Ce sont encore les heureux, ceux-là qui ont pu profiter de leur courte liberté pour jouir des douceurs de la vie champêtre. Vivre constamment à la campagne n'est pas bien sûr l'idéal. L'existence des villes a ce mouvement, ce bruit, cette clarté, ces manifestations auxquelles on est habitué et dont on ne saurait se passer. Mais tout lasse à la fin. On se retrouve l'esprit vide, les yeux éteints, l'âme amère, à force de fatigue et de bruit. On rêve des asiles inconnus et discrets où l'on s'enfouirait. Et il est bon alors de partir, de s'en aller on ne sait où, vers les mornes, vers les feuillages, vers la vie autre, dans des extases béates, et des désirs campagnards qui prêtent à rire après...

Sans avoir la célébrité de ces villégiatures enchanteresses, telles ces rives des monts Albains bordant le lac Némi chanté par Byron, où se refugiait Tibère, où ces plages de Sorrente patrie du Tasse. chantées par Lamartine, où s'oubliait Murat, notre Guadeloupe possède des endroits dignes de captiver les visiteurs. Les eaux de la Ravine-Chaude et du Sofaïa, les sîtes du Matouba et de Sainte-Rose, les plages de Sainte-Anne, l anse du Moule, les solitudes du Fond-Cacao, à Capesterre, le pittoresque des Grands-Fonds, et tant d'autres endroits, tout cela drapé dans le manteau de nos éternelles verdures, sous la coupole d'un ciel ruisselant de lumière, témoigne des avantages de notre beau pays. Nous n'y pensons pas, car nous y vivons toujours. Nous entendons parler du beau ciel d'Italie et du soleil des Espagnes, des brumes de la Suisse, des verdures Portugaises, et nous nous oublions nous-mêmes... Nous oublions notre ciel bleu, notre soleil d'or, nos fleurs variées, leurs parfums, nos grèves, nos brises, tout le rêve et tout l'idéal...

Mais les vacances s'achèvent, et l'on revient de tous les endroits féeriques. L'hivernage s'est abattu, assombrissant l'horizon avec ses brusques pluies torrentielles, puis ses éclaircies fumeuses où montent des arcs-en-ciel. Les écoles rouvrent leurs portes. La vie du travail reprend son cours, dans l'immuable continuité de l'effort. Tout à l'heure l'Année finira. Octobre avec ses nuages en présage le deuil prochain. On sent que la vie s'en va...

> Octobre permet un moment encor
> Que dans leur éclat les choses demeurent ;
> Son couchant de pourpre et ses arbres d'or
> Ont le pur éclat des beautés qui meurent...
> Tu sais que cela ne peut pas durer,
> Mon cœur ; mais malgré la saison plaintive,
> Un moment encor tâche d'espérer
> Et saisis du moins l'heure fugitive ..

Mais l'on ne peut rien retenir de soi-même. Le Temps emporte tout. Les années succèdent aux années, les vacances aux vacances, les jours aux jours, et tout passe, tristesse ou joie, peine ou plaisir, météore dans l'éternelle nuit,

> Comme un espoir, comme un regret,
> Où comme un rêve !

XI

NOVEMBRE.

Mois du souvenir.

Comment faisons-nous pour vivre, avec un cœur si volage, sans souci de l'heure présente, parmi tant d'événements ? La mort est sans cesse avec nous ; chaque seconde est un trépas ; chaque souffle emporte une âme ; chaque soupir marque un décès. La grande Faucheuse, sans parti pris, se promène par le monde ; elle s'assied près du berceau de l'enfant comme aussi près du fauteuil de l'aïeul, et son doigt se promène, nous touche au front, dans une œuvre inlassable et gigantesque, et nous nous couchons au tombeau, tels des épis moissonnés, dans un brusque arrêt de vie...

Aujourd'hui, demain, à tous instants, c'est notre tour, dans l'universelle hécatombe... Nous n'y pensons pas ! Nous vivons sous la menace du couperet final. Les brahmes en linges de neige s'en allaient au bûcher. Les vestales couronnées de fleurs vidaient la coupe mortelle. Les gladiateurs en chantant descendaient dans l'arène. « *César, ceux qui vont mourir te saluent!* » Nous faisons mieux. Nous vivons la vie sans nous occuper d'autre chose, et comme ce Pirithoüs qui oubliait qu'il vivait, nous oublions que nous mourrons...

La terre est plus peuplée de morts que de vivants.

Les générations multipliées formeraient des agglomérations que le globe ne contiendrait pas. Nous
sommes l'infime quantité renouvelée sans cesse au
cours des heures. Cette existence d'un jour qui nous
est faite est-elle la vraie existence? Cette nature
admirable, ces ciels, ces soleils, ces charmes et ces
splendeurs, tout cela est-ce à nous qui n'en jouissons
pas? Nous passons bien vite dans les décors éternels.
Nous n'apportons rien et ne pouvons rien emporter.
Qu'elle différence entre notre vie d'un instant et
l'agonie de la fleur éphémère, le trouble du rayon qui
s'exhale, l'irrégularité de l'écho, le mensonge du
rêve, quelque chose qui existe à peine?...

Nous ne savons rien de nous-mêmes. Appelons-
nous le passé ce jour d'hier tombé comme un grain de
poussière dans les déserts infinis de l'Eternité? Appe-
lons-nous l'avenir ce jour de demain qui n'est pas
à nous? Est-ce le présent que nous vivons, sans cesse
accrochés à quelque regret ou à quelque espoir?
L'univers est plein de bruits et d'échos pour nous
incompréhensibles. La vie ainsi a lieu dans l'ironie,
la confusion et l'ignorance. Et l'ironie la plus grande
est que cette confusion et cette ignorance même sont
indispensables à la vie!

Tout passe, mais comme la fleur succède à la fleur
par le parfum, comme le jour succède au jour par le
rayon, l'être succède à l'être par le sentiment. C'est
par le souvenir que nous sommes immortels! Nous
nous léguons notre âme avec la vie. C'est une succession d'amour permanente. Nous tombons, et le

souffle qui nous anime est recueilli aussitôt. Dites-moi, ô vous, Etres chers disparus, si vous ne revivez pas en nous, et si ce n'est pas votre pensée qui bataille dans la nôtre? Nous gardons vos traditions, vos rêves et vos tourments, et si des légions s'abattent, fauchées sans miséricorde, d'autres les remplacent aussitôt, et l'idéal reste le même!

Voici Novembre... Fêtons nos morts, car c'est nous fêter nous-mêmes. Fêtons-les sans pleurs et sans désespoirs, plutôt avec joie, avec allégresse, car l'au-delà ne saurait être pire qu'ici bas... Fêtons-les pieusement en souvenir de tout ce qu'ils nous ont légué. Disons-nous que la vie n'existerait pas, sans eux, sans la mort. Le sentiment, c'est la fleur éternelle qui embaume nos émotions, qui parfum les ombres du mausolée en même temps que les clartés du berceau. Nous n'existerions pas sans la tendresse. Après avoir beaucoup aimé nos morts, nous pourrions mourir pour être aussi beaucoup aimés, dans le souvenir.

XII

DÉCEMBRE.

Mois des regrets.

L'an dernier à pareille date que faisiez-vous?...
C'est que nous sommes aux derniers jours de Décembre. Voici la Noël. Dans la rue, c'est comme

une hâte, une effervescence, un mouvement de vie
accentué par le désir secret du cœur. Ce n'est plus
comme autrefois, par exemple : plus autant de jouets
d'enfants, de sifflets sifflant, écorchant les oreilles, de
tambours tambourinant, de pistolets crachant la
fumée de leurs amorces, de fusils partant tout seuls
dans un besoin de tuerie, plus autant de dragées, de
sucreries, d'étalages, etc... Mais n'importe, c'est tout
de même la Noël et le jour de l'An qui approchent,
et malgré soi, les yeux ont une lueur de joie en l'honneur de ces fêtes...

Ce qu'on faisait à pareille date l'an dernier ? Voilà
une question ! Il serait bon pourtant de rapprocher
ces petits détails de la vie d'un temps à un autre. On
croit trouver souvent une amélioration à son existence, et on l'enregistre avec joie. Il faut si peu de
chose pour contenter le cœur ! Et puis, on songe à
l'année, la pensée bat la campagne... C'est une page
de la vie qui va se retourner. Comme on l'a écrite
sans y penser ! C'est trop vrai, on a été bousculé par
toutes sortes d'événements et d'actualités. Cahoté
sans merci aux heurts de la route, on s'est jeté à
gauche, jeté à droite. Les jours par exemple n'atten-
dent pas qu'on les ait bien vécus pour s'enfuir. C'est
déjà une année ! Et l'on ne peut s'empêcher d'avoir
le cœur gros, en repassant les brefs instants où l'on a
souffert toujours, avec une maladresse qu'on déplore,
une nervosité qu'on regrette, un entraînement de
désirs et de sentiments où l'on ne se comprend pas
soi-même !

Ah! si l'on pouvait recommencer la vie! Le mieux, en vérité, est de vivre les yeux fermés, sans savoir. On a trop de regrets! A quoi bon être instruit par une expérience inutile? Le destin fait tout à son gré. La vie est remplie de faits qu'on n'aurait su prévoir et dont on a été l'esclave plus qu'on ne s'en est servi. Pourquoi a-t-on aimé? Pourquoi a-t-on haï? Est-on certain d'avoir toujours suivi son cœur? S'est-on bien compris soi-même dans le doute et dans l'espoir, lorsque s'imposent des choses supérieures à la volonté même? On a aimé, on a haï, on a vécu confusément. Ç'a été un sauve-qui-peut dans la nuit obscure. On se trouve maintenant dans un cercle de positions acquises. Et à la lueur de bon sens qui s'infiltre ici-bas, la vie réelle sort des ténèbres. Les plus nombreux se recouchent en frissonnant à la douloureuse place où ils se trouvent; quelques-uns, les rares heureux du destin, sentent leurs cœurs s'épanouir de leur chance inespérée; tous continuent la vie, dans un effort obligatoire, avec les illusions luisantes comme autant d'étoiles au ciel noir...

Non! ce n'est pas une erreur de dire que la vie est une lutte perpétuelle où nous combattons, toujours vaincus à l'avance, mais avec le courage, sinon du désespoir, du moins d'un espoir qui n'en est pas éloigné. Inlassablement, il nous faut tenir tête au sort; la désertion, la défection ne sont pas permises, ce sont des lâchetés qui ne servent à rien; la bataille continue sans cesse, et nous ne pouvons compter nos blessés ni nos morts, sans cesse abattus nous-mêmes dans un ouragan de défaite qui ne s'achève jamais...

Nous serions poltrons s'il était possible de l'être, mais nous ne le pouvons point. On ne peut rien éviter des choses de la vie. Le mieux est de nous rendre plus forts avec les événements. D'autant que le sort s'acharne à nous éprouver, d'autant nous devons montrer de courage et de résolution. Et si dans l'injuste débacle, nous sommes emportés quand même, du moins nous aurons tenu bon jusqu'au bout, et c'est encore une autre victoire que celle du devoir accompli.

D'ailleurs, en même temps que ses déboires et ses tourments, la vie renferme encore, quoiqu'on dise, ses joies et ses satisfactions. Rien n'est uniforme et immuable dans les jours que nous traversons. La roue du Destin tourne sans préméditation; la Fortune aveugle la surmonte et entr'ouvre son manteau d'où tombent, d'un côté faveurs et complaisances, de l'autre, maux et disgrâces; c'est la loterie éternelle où le genre humain s'applique, où les meilleurs billets ne sont pas toujours payés, où celui qui a gagné est souvent celui qui a perdu.

Ce sont justement ces alternatives, ces inconséquences qui font la raison d'être de la vie. Une continuité de bien ou de mal serait absurde. D'autre part la connaissance du lendemain ne servirait qu'à nous désoler davantage, dans des instants qui dépendent pas de nous. Tout est encore bien. Avec la logique on arrive à approuver l'existence. Le secret de la philosophie est dévoilé. Et c'est ainsi que l'âme se rassure, que l'esprit se tranquilise dans le tourbillon des faits du jour, avec la foi d'un lendemain sur lequel on ne peut compter et sur lequel on compte encore.

Le courage est toujours compris et l'opiniâtreté l'emporte constamment. Il faut avoir foi en soi. Un peu d'orgueil, un peu de fierté ne messied pas, au contraire : la conviction de la force ne va pas sans indépendance. La décision est souvent brusque. C'est le caractère du génie. A la longue le destin se lasse, il abandonne aussi inconséquemment qu'il a long-temps poursuivi, et l'on est surpris de ses soudaines faveurs. Après avoir lutté courageusement, on s'assied parfois à la table du bonheur, pour vider la coupe dernière, comme ces soirs lassés de bataille, après une longue journée, font les soldats victorieux.

Faisons-nous un but dans la vie, et, courageuse-ment, fièrement, marchons à notre idéal. Soyons forts sans égoïsme et sans servilité. Entre la doctrine de l'arrivisme préchée par Frédéric Nietzche et celle de la mansuétude préconisée par de Montyon, faisons nôtre, celle plus humaine et plus forte d'un courage vraiment éprouvé. Ecartons-nous de l'excès dans un sens comme dans un autre, mais n'abdiquons jamais à notre droit. Accomplissons notre œuvre avec conscience et volonté. Conservons une ligne de con-duite dont rien ne nous fera dévier. Persévérons y toujours et toujours. Vers l'idéal, sans souci des heurts et des déceptions de toutes sortes, allons déli-bérément, et à force de labeur et de caractère, nous précipiterons l'heure finale, renfermant pour nous le succès et la justification de nos efforts décisifs.

L'an dernier à pareille date que faisiez-vous? Le vieux Temps regarde avec des yeux de marbre son sablier qui s'écoule... Et les souhaits en voltigeant s'apprêtent à couronner l'Année. Les roses de nos cœurs refleuriront à l'aube de Noël. Sonnez, gais carillons des désirs renaissants et des vœux en fête! Moi, je ne veux pas penser aux jours écoulés, puisque la vie recommence, je recommence avec elle; il n'est tel pour bien vivre et pour bien aimer que d'ignorer beaucoup ce qu'on a souffert, et, comme l'éternel rameau qui fait renaître chaque jour sa fleur, d'oublier les jours déchus, pour faire toujours éclater son cœur au soleil de l'éternelle espérance!

Essai sur la littérature Créole.

LA LITTÉRATURE CRÉOLE.

I.

Il y a-t-il une littérature créole?

D'abord ce terme de « littérature créole » ne saurait, quoiqu'on veuille, avoir d'ambiguïté. Car il ne saurait être dans la pensée d'aucun écrivain sérieux de prêter à notre patois local une importance littéraire quelconque.

Notre patois local, pour avoir des charmes, une grande harmonie, des nuances originales, un sens expressif et doux, n'est, somme toute, que du français déformé. Ce n'est qu'un langage occasionnel, sans base et sans règles, dont le réalisme étroit ne peut prêter à des œuvres puissantes et durables.

Par littérature créole, il faut entendre des œuvres, où, à l'esprit français, s'unirait l'originalité de notre tempérament. Une littérature où l'on retrouverait, dans le critérium de l'art français, toute la caractéristique de notre âme.

Certains critiques, dans la presse française, quand il s'est agi de notre littérature, ont semblé plutôt conclure négativement. L'esprit français, d'après eux, absorberait tout de nous-mêmes. Et l'un des plus distingués de ces critiques, M. Adolphe Brisson, rédacteur en chef des *Annales politiques et littéraires*, a été jusqu'à désirer que la poésie antillaise se borne

« à la description de la merveilleuse nature des Tropiques. »

Ainsi donc la littérature créole, selon ce dernier vœu, ne saurait être qu'une littérature descriptive. En fait, elle n'existerait pas du tout, puisque le génie de description, le genre pictural, depuis Bernadin de Saint-Pierre et Chateaubriand, s'est manifesté plutôt comme une grande émotion de l'âme, qu'un caractère particulier et exclusif d'aborigènes.

Cette opinion tant soit peu systématique de la non-existence de notre littérature, d'après moi, n'est qu'erronée. On ne conteste pas à la littérature belge, à la littérature helvétique, et jusqu'aux réminiscences, d'ailleurs fort belles, des œuvres des écrivains du Canada et de la Louisiane, un caractère particulier. Il faut dire que toute contestation de ce genre serait illogique. Chaque peuple, selon le climat, les traditions, la civilisation, les mœurs, n'a-t-il pas des sentiments différents? Les peuples de chaque région, a dit Michelet, ont leur psychologie. Et puisqu'en littérature, en même temps que la forme de l'esprit, domine le fond des idées, des sensations, je ne comprends pas que l'âme créole si sensible n'ait aussi ses expressions particulières.

Tout en conservant l'empreinte de l'esprit français, l'âme créole ne peut-elle s'exprimer, comme l'âme flamande ou l'âme romande? — « On trouve dans nos œuvres, a dit M. Yvan Gilkin, poète belge, ce mélange de réalisme et de mysticisme qui est la caractéristique de l'âme flamande, avec une expression colorée, d'un français très pur, presque classique. » M. Virgile Rossel, explique ainsi la littérature de la Suisse romande : « Quelque chose d'austère, avec de saines ou de graves pensées, poésie d'idées, de sentiments, plutôt que poésie d'art, avec le culte de l'idiome français. » Ne pourrait-on aussi bien dire pour la littérature créole, avec M. Georges Sylvain : « ... aptitudes poétiques, instinct de la musique, don du rythme, grâce rêveuse et nonchalante, gestes ardents et luxieux... », et tout cela dans l'urne de la culture française?

Ceci ne peut être qu'une indication, mais une indication suffisante pour témoigner dans la littérature créole des sensations précises et neuves. On ne saurait méconnaître notre caractère littéraire. Nous avons, comme tous les peuples, des défauts, des qualités qui sont nôtres, et qui nous rendent originaux. La littérature créole existe dans l'épanouissement de nos sentiments selon l'éducation française. Elle se manifeste chaque jour dans nos écrits les plus futiles, dans nos essais les plus modestes. Car, si nous nous conformons à l'art français, cet art idéal et universel, nous exprimons toujours notre âme et nos sensations, — et ce sont des biens qui nous sont propres indéfectiblement.

II

Dans l'épanouissement de la littérature française, nous sommes des retardataires. Nous sommes entrés hier dans le grand mouvement littéraire qui a lieu depuis des siècles. Nous sommes et nous restons un peuple jeune, touché par la civilisation. On brûle peut-être les étapes de la vie politique, industrielle, commerciale ou guerrière, mais l'Art ne s'apprend pas en un jour. C'est une des causes pour lesquelles nos essais de littérature, malgré beaucoup de volonté et d'espoir, demeurent toujours des essais.

Comme il est une littérature belge, une littérature suisse, d'expression française, il est une littérature créole. Voyons comment ces littératures, filles et admiratrices de la littérature française, ont d'affinité avec la langue mère.

La littérature belge et la littérature helvétique ont suivi, depuis sa création, depuis ses origines gallo-franques et romaines, dans sa longue chronique, la littérature nationale française. Leur histoire à toutes deux est liée à l'histoire de la langue française. Les premiers troubadours qui édifient la geste féodale, parcourant la doulce France, sont autant flamands, brabançons et francs-comtois. Sur la fin du moyen âge, au XIVe et XVe siècle, Froissard et Commines sont belges. Au XVIe siècle, Calvin est plus suisse que français. A la même époque, le précurseur de Ronsard, un des préparateurs de la Renaissance, Jean Le Maire est belge. Au XVIIe, au XVIIIe siècle, Joseph de Ligne est de Bruxelles et Rousseau de Genève. La littérature de la Belgique et celle de la Suisse sont ainsi étroitement liées à la littérature de la France.

Elles partagent les premières hésitations, les premières floraisons de la langue nationale. Elles profitent de la période si haute, si aristocratique de la littérature classique. Jusqu'ici la période classique est la plus méthodique, la plus instructive de la littérature française. Pour qui n'a connu l'art classique, la langue risque de rester toujours ignorée. C'est que l'art classique se réclame des origines mêmes de la langue française. La période romantique les trouve suffisamment averties. D'abord, timidement les poètes belges de la première moitié du XIXe siècle suivent les poètes français, puis la génération nouvelle s'abandonne avec enthousiasme. Quant à la Suisse, pour parler comme un de ses propres écrivains : « Le romantisme fut le Prince Charmant qui éveilla la Belle au Bois Dormant de la poésie romande »

Ainsi donc la Belgique et la Suisse ont toujours joui du contact bienfaisant de la France, — elles en ont profité d'ailleurs d'une façon digne d'éloges, — cependant que les Antilles, la littérature créole n'était pas encore née !

Nous avons connu l'art littéraire français quand il comptait déjà des siècles d'existence. Les Antilles véritablement ont été créées de toutes pièces. Ainsi il en a été souvent dans l'histoire des peuples. Aux populations africaines importées. s'imposèrent les civilisations des diverses nations d'Europe. Certes, les colonisateurs français qui occupèrent les premiers nos îles, n'étaient pas des littérateurs ! C'étaient plutôt des aventuriers et des soldats. Le XVIIIe siècle fut pour nous une ère de luttes sanglantes. La grande Antille, Haïti, se libéra violemment de la France; les petites Antilles, la Martinique et la Guadeloupe, défendirent avec honneur contre l'Anglais, la nationalité française.

La première expression de la littérature créole a lieu sur la fin du XVIIIe siècle. Elle est d'un poète guadeloupéen, Germain Léonard. La fin du XVIIIe siècle est l'arche qui lie la période classique à la période romantique. Rousseau inaugure l'exotisme et révèle la peinture. Madame de Staël crée la passion. L'idylle est encore de mode. Germain Léonard, né à la Basse-Terre (Guadeloupe), rendu très jeune en France pour y faire ses études, prend goût à la littérature : il imite le poète suisse, Gessner, auteur des *Idylles*, et le surpasse. Léonard est resté le meilleur poête idyllique dans les lettres françaises.

La littérature créole est née. Elle esquisse à peine un caractère. Car Léonard, je l'ai dit, imite Gessner; et Campenon, neveu de Léonard, poète guadeloupéen, membre de l'Académie française en 1813, a les mêmes tendances que Delille. La littérature créole cependant prend date. La période du XIXe siècle lui est ouverte. Mais c'est la période la plus difficile, avec l'exorde des écoles. La littérature belge et la littérature romande ont acquis naturellement, au cours des périodes précédentes, une facilité, une aisance, une force que nous ne connaissons pas. Elles se sont faites par des œuvres répétées et heureuses.

Est-ce une raison pour que notre existence littéraire soit méconnue? Je ne le crois pas. La littérature créole n'a qu'à prendre au contraire ces nobles aînées pour modèles, et j'espère qu'elle ne sera pas la moins favorisée de cette trinité poétique.

Ce dernier vœu, je m'empresse de le dire, est d'un cœur filial à qui toutes les illusions sont douces. Tout au moins, il ne saurait s'accomplir qu'à la suite de longues années d'études et de persévérance. Car il ne s'agit pas pour nous, par un brusque et rapide éclat, de donner une œuvre belle, sans pouvoir ensuite recommencer. La littérature créole, pour être indiscutable, doit s'exprimer par des œuvres durables et suivies. Et, dès lors, c'est un résultat qui appartient au temps : mais qui appartient aussi, qu'on le sache bien, à nos aptitudes, à notre volonté, à nos cœurs, — et comme le triomphe de l'un est certain, le bonheur des autres ne saurait être mis en doute.

III

Dans l'étude de la littérature créole, il faut, par la chronologie des poètes guadeloupéens, haïtiens et martiniquais, justifier nos efforts et notre histoire littéraire. La poésie, on le sait, mieux que la prose, magnifie la pensée en la concrétant. Aux Antilles, d'ailleurs, la première manifestation de la littérature a été un geste poétique. La poésie chez nous a devancé la prose, comme s'il n'en pouvait être autrement pour les Muses, dans ces séjours merveilleux, ces pays de soleil et de verdures.

Pour témoigner de notre littérature, je me contenterai de citer un nombre égal de poètes pris dans chacune des Antilles, dans des générations différentes.

On ne saurait compter dans cette courte énumération les écrivains des Antilles étrangères, Porto-Rico, Cuba, Trinidad, Jamaïque et Barbade, qui n'ont pas la culture française. La Guadeloupe, la Martinique et Haïti ont toujours conservé la même civilisation. Les Antilles étrangères sont d'ailleurs supérieurement représentées par le célèbre poète José-Maria de Hérédia, né à Cuba, qui dans ses admirables *Trophées* a chanté la faune et la flore de nos pays.

Les poètes de la Guadeloupe.

Le poète Germain Léonard (1744-1793), a donné la première expression de la littérature créole. En lisant les œuvres de Léonard, on regrette qu'elles soient si peu connues. Léonard publia trois recueils d'Idylles. Aucun poète français ne peut lui être comparé dans cet art illustré par Théocrite et par Virgile.

Vincent Campenon (1772-1843), fut un des excellents poètes descriptifs et élégiaques que l'avènement du romantisme devait bientôt faire oublier. Il publia *les Trois Règnes de la Nature*, mais sa principale œuvre fut le poème de *l'Enfant prodigue* qui eut un grand succès. On y trouve de belles pensées et de beaux vers. Campenon fut membre de l'Académie française en 1813.

Privat Danglemont (1815-1859), est plus connu comme chroniqueur. C'est pourtant un bon poète. Ses vers eurent du succès, et « son nom, disent les *Annales littéraires et politiques* de Paris (numéro du 13 février 1910), est digne de passer à la postérité, ne serait-ce que pour le sonnet véritablement exquis *A Madame du Barry* qu'il a écrit ».

Dominique Guesde (1850-1905), est un excellent poète du terroir. Il a parlé du pays natal avec un art expressif. Sans avoir la publicité des poètes cités plus haut, il a su donner le sentiment d'une réelle inspiration, et ses œuvres sont dignes de l'intérêt qu'on leur porte.

Les poètes d'Haïti.

Isaac Louverture (1782-1854), fils de Toussaint Louverture, — après Milscent, un versificateur local, — fut le premier poète haïtien. Il a publié un poème : *l'Haïtiade*, imprimé à Paris en 1828. Fixé à Bordeaux, jusqu'à sa mort il pensa au pays natal, et on a de lui une série de romances d'expression amoureuse et nostalgique.

Oswald Durand (1840-1906), est un harmonieux poète du terroir. En vers parnassiens, il a chanté le pays natal. Ses poésies plaisent, avec une tendresse exquise ou ayant une assez haute envolée. Il a publié

Rires et Pleurs. Oswald Durand fut sacré poète national haïtien. Il fut présenté, en 1888, par le poète François Coppée, à la Société des Gens de Lettres de Paris où il obtint un vif succès.

Massillon Coicou (1867-1908), a écrit des drames en vers, dont un, *Liberté*, fut joué à Paris. C'est un des meilleurs poètes haïtiens. Il a fait éditer de nombreux recueils de vers : *Impressions*, *Passions*, etc. Massillon Coicou, malheureusement, trouva la mort au cours d'une de ces périodes troublées qui désolent la République d'Haïti : il aurait certainement donné d'autres œuvres appréciées.

Sylvain, Georges (né le 2 avril 1866), orateur élégant et clair, journaliste avisé et alerte, littérateur distingué, poète excellent, auteur des *Confidences et Mélancolies* et d'un recueil de fables traduites en langage créole sous le titre de *Cric, Crac!* Nommé en janvier 1909 ministre plénipotentiaire de la République d'Haïti à Paris. A exercé une influence considérable sur la littérature de son pays en la produisant dans toutes les circonstances mémorables de la vie parisienne, pendant son séjour diplomatique qui a pris fin en novembre 1911.

Le poète Etzer Vilaire (né le 7 avril 1872), est de nos jours, et comme tel il a quelque peu le tempéramment romantique. Ses *Années tendres* et ses *Poèmes de la Mort*, 1907, sont d'un cœur amoureux, sensible, hautain, rêveur, triste, malade, bizarre. Toute son œuvre s'inspire de lui-même, et la sincérité qu'il y met est peut-être la cause du triomphe de ses vers. Etzer Vilaire est un vrai poète : en vain le voudrait-il, il obéit moins à la technique qu'à son âme. Chez lui l'impression domine.

Laforest, Edmond (né à Jérémie, République d'Haïti, le 10 juin 1876). Comme prosateur il a publié plusieurs études littéraires d'un style très pur. Comme poète, il est l'auteur des *Poèmes mélancoliques* (1894-1900), *des Sonnets médaillons du XIXe siècle* (1909). Cette dernière œuvre, qui est des plus remarquables, l'a mis en vedette dans la littérature des deux mondes. M. Fougères, professeur à la Sorbonne, a porté sur ce livre le jugement suivant : « Les sonnets sont bien frappés, sobres, précis et émouvants. Ce sera pour moi un compagnon que j'aurai toujours plaisir à consulter au hasard, un de ces bons amis qui nous parlent des grands hommes aimés avec sympathie, et dont les appréciations en quatorze vers condensent des volumes de critique. Son art lucide et simple est beau de probité, comme il le dit lui-même dans un de ses sonnets ».

Le jeudi 15 décembre 1910, à la Sorbonne, une fête fut donnée, sous la présidence de M. Jean Richepin, aux poètes étrangers de langue française, dont la plupart ont été révélés par notre maître et ami M. Georges Barral, et la poésie haïtienne fut officiellement consacrée dans un beau discours de M. Georges Sylvain.

Les poètes de la Martinique.

Plus modestement les écrivains de la Martinique apportent leur contingent poétique.

Eugène Deslandes, 1843, fut un bon poète. Il a écrit des vers avec une facture élégante et aisée. Une de ses poésies, *la Créole*, est d'une grâce exquise.

Victor Duquesnay est ce charmant poète dont M. Charles Fuster a fait les éloges. Il a publié à Paris *les Martiniquaises*, 1903. Certaines poésies de ce livre se « ressouviennent » de la douloureuse catastrophe de Saint-Pierre et gardent un cachet de deuil. Mais la généralité respire une fraîcheur, une tendresse qui embaument. *Les Martiniquaises* est un livre plein d'illusions fleurissant de beaux vers.

Rosal, René Clavius-Marius, Eleuther Saint-Prix Roné, poètes d'avenir, ont trouvé la mort dans l'inoubliable catastrophe de 1902. Saluons leur mémoire. On trouve de leurs œuvres dans l'Anthologie *Fleurs des Antilles*, publiée au commencement de 1902.

Un poète de la Dominique, Daniel Thaly, martiniquais d'origine et par le cœur, dans trois recueils, *Lucioles et Cantharides*, 1900, *Clarté du Sud*, 1905, *le Jardin des Tropiques*, 1911, a chanté nos Antilles dans des vers bien inspirés.

Certes, il y a une étude non moins intéressante, plus complète à faire parmi tous les poètes indistinctement de la Guadeloupe, d'Haïti et de la Martinique. Mais j'ai le devoir aujourd'hui d'être concis.

Il a suffit d'indiquer la succession de ces bonnes tentatives, pour justifier notre existence littéraire. Elles sont toutes d'un même esprit et d'un même cœur. On y retrouve constamment le charme simple et le reflet lumineux de nos îles. L'œuvre d'avenir se précise en un même effort confraternel. Maintenant, poètes, prosateurs, journalistes, écrivains, tous de la génération travaillent et s'efforcent pour un plus grand triomphe de l'Art. Le même espoir nous anime, le même sentiment nous guide, et nous sommes unis, nouvelle Confédération Antilléenne de la pensée, par un même rêve intellectuel et social.

IV

Faut-il donner constamment à nos productions la couleur locale? Et nos sensations neuves, nos aptitudes naturelles, nos impressions, les conceptions qui nous sont propres, nos enthousiasmes et nos désirs jeunes, tout cela ne suffit-il pas à donner à nos œuvres un caractère particulier?

Nous n'avons ni la solide instruction ni le goût des œuvres de longue haleine. Nés d'hier à la vie intellectuelle, nous n'avons pas cette science, cette éducation des jours patients et laborieux. Et, d'ailleurs, notre esprit et notre cœur enthousiastes, frivoles, avides et spontanés, comme tout ce qui est jeune, n'ont pas le temps des désirs prolongés et s'entendent mieux à des fragments d'œuvres, selon les entraînements précipités de l'heure.

Comment vouloir que nous ayons cette pratique suivie de la tâche, cette continuité du labeur, quand, livrés à nous-mêmes, dans nos îles loin de la métropole, loin du grand centre bienfaisant d'études, nous n'apprenons l'art et la vie littéraire que par bribes, dans des publications et des livres de hasard, et quand nos goûts d'enfants des Tropiques s'allient à notre inexpérience?

Les temps arriveront, par le travail normal de l'esprit et du cœur, d'œuvres de longue haleine, mais en attendant, conformons-nous à ce qui nous est possible et agréable, c'est la meilleure des sciences.

En voulant trop trouver dans notre littérature les tableaux merveilleux des pays de rêve où nous sommes, on ne remarque pas assez la juste impression des sentiments que nous exprimons. Ces sentiments ont une particularité qui mérite d'être examinée.

Le fond de la nature créole est un sens mélancolique et rythmique, une tendance harmonique qui prédispose souverainement aux choses d'art.

Nous avons l'instinct de la rêverie et du rythme. Notre indolence constitutionnelle engendre cette grâce créole si langoureuse, intime et suprême *farniente*. Cette indolence s'allie à une prédisposition, un amour excessif des sons et des périodes agréables, une facilité heureuse, un don véritable du rythme. Tous les écrivains créoles ont fait du style harmonique, et ils ont plus ou moins donné l'impression de ce que Théophile Gauthier a si bien nommé « la musique des mots ».

Certes, nos poètes ne sont pas des poètes épiques. Ils n'ont ni le caractère ni l'inspiration voulus à ces œuvres de haute envolée. La fréquentation des aigles ne leur convient pas. Ce sont tout au plus de charmants troubadours. Ce sont des amateurs d'élégie et de romance. L'élégie, on le sait, se prête à la mélancolie, et la romance se prête au rythme. Mais Procné et Philomèle ont aussi leurs amants et leurs admirateurs. Pour n'être pas des poètes d'épopée, ce sont des poètes de sentiment. Poètes rythmiques, ce sont des poètes agréables et faciles, — mieux, ce sont des poètes d'avenir.

J'étudierai un jour, pour ce qui nous concerne, cette question du rythme qui déjà amène toute une révolution dans la poésie française. L'enthousiasme du romantisme, très certainement, a entraîné trop loin des poètes français qui ont plus soumis la poésie à la peinture, qu'au rythme. La poésie et la musique sont sœurs, — la peinture, elle, n'est qu'une alliée. Le rythme est la base même du vers. Dès le XVIme siècle, le poète Antoine de Baïf, dans ses essais prosodiques, en donnait la vague notion. Le vers baïfin renferme peut-être une indication. M. Bec de Fouquières déclare que le vers doit être surtout musical. La prosodie allemande, à ce point de vue, est supérieure à la nôtre ; et dans la différence, en faveur de ces dernières, des musiques de chant de France, d'Allemagne et d'Italie, « cela tient, dit M. Emile Descamps, à la négligence et à l'erreur des poètes français ». La langue française est elle-même une langue harmonieuse : la poésie qui est la fleur de la langue, forcément doit être supérieurement rythmique.

La littérature créole venant d'éclore à la vie, n'a-t-elle pas justement ce qu'il faut pour occuper la place qui lui revient dans l'avenir? En conservant une modestie de bon aloi, cela ne peut nous empêcher de souhaiter le succès à notre idéal de progrès et d'instruction. Notre littérature est bien de nous, selon notre tempérament, nos conceptions, notre esprit et notre cœur, selon tout ce qui nous constitue des défauts et des qualités. C'est une littérature bien homogène qui n'a que le tort de n'être pas encore connue. On y trouve le sentiment et l'harmonie d'heureuses aptitudes. Comme dans ces pays vierges où la civilisation apporte et retrouve une vie nouvelle, qui sait si l'Art, en transformant nos cœurs, dans le cadre de beauté de nos îles, ne va-t-il pas refleurir, — miracle ordinaire de l'amour et du soleil?

V

Dans l'art littéraire français, comme tout œuvre a ses premières phases, par des tentatives et des essais, nous avons pris place. Sans qu'on s'en doute, sans que nous-mêmes nous nous en préoccupions, nous naissons, nous sommes nés, et, dès lors, sous la protection bienfaisante de la mère-patrie intellectuelle, dans l'accord fraternel des littératures diverses, nous avons droit à la vie commune.

Il y a certainement une littérature créole, par le seul fait qu'il existe des populations créoles.

Ces populations de vieille colonisation française, ont la culture française, mais on ne saurait faire abstraction de leur tempérament, de leur être psychologique, de leur ambiance naturelle et physique. L'erreur serait inadmissible de nier l'influence de la race, des climats et des sentiments.

Dans une plus grande expression de la langue française, selon la formule extensive, chacun, du plus grand au plus petit, doit conserver son caractère autochtone, avoir son originalité, augmenter sa puissance et son charme de beauté.

Certes, l'intellectualité ne s'acqniert pas en un jour. L'art littéraire ne s'improvise pas. La vie intellectuelle ordinairement n'est que la suite d'un long passé de tatonnements et de patients recommencements. Nous sommes encore aux ébauches, parfois heureuses, mais la forte inspiration nécessaire nous manque. Néanmoins nous conservons l'espoir de pouvoir imposer un jour notre caractère littéraire.

Il suffit que nous exprimions avec sincérité nos sentiments, pour avoir de l'originalité et pour plaire. Notre littérature ne saurait se renfermer exclusivement dans des descriptions de paysages. L'art doit être pour nous plus étendu et plus complexe. La vie ne se résume pas aux décors, pour merveilleux qu'ils soient. Elle est faite aussi bien du roman de nos cœurs. En inaugurant l'exotisme, Bernardin de Saint-Pierre lui-même, le peintre enthousiaste, n'a pas seulement charmé par ses tableaux enchanteurs de l'Ile-de-France, mais aussi par l'idylle simple, ignorante et nouvelle des amours de Paul et de Virginie.

Tous les écrivains français, selon l'esprit novateur qui succéda à la forme rigide du XVIIme siècle, ont sacrifié à l'exotisme. Ils ont plus ou moins rêvé d'une existence lointaine, plus verdoyante, plus fleurie, plus intense, plus proche du soleil, dieu de la vie. La littérature française est pleine de cette nostalgie ardente de nos pays. Elle exprime constamment l'impérieux désir des voyages et des relations. C'est comme une autre forme de solidarité, une doctrine d'amour, un besoin d'épanchement vers ces parties lointaines du globe où battent des cœurs, où pensent des âmes.

La facilité des voyages, le contact des populations ignorées jusqu'alors, l'enseignement colonial officiellement organisé ont encore agrandi cette humanité toute française.

Ce qui rehausse souverainement le caractère de cette propension intellectuelle, c'est que l'intérêt en est aussi grand pour la métropole que pour nous. Si, dans notre instruction, l'exotisme est une tendance généreuse dont nous profitons chaque jour davantage; dans la littérature française, c'est un élément meilleur de rénovation. « Tel le célèbre Gulf-Stream dont les ramifications enveloppant les Antilles, donne à la mer une chaude beauté, disent MM. Marius-Ary Leblond, l'exotisme c'est le grand courant vivificateur », la source où la littérature française se retrempe et se rajeunit.

Ainsi donc, dans la renaissance éternelle de l'Art, selon l'enchaînement logique des esprits et des cœurs, déjà les littératures nouvelles, la nôtre à peine éclose, rendent à la mère-patrie intellectuelle un peu de ses bienfaits, en lui apportant une source de vie plus féconde.

L'art littéraire français, dans les temps où nous sommes, après toutes ses évolutions, ses changements, tend à une plus sage manifestation. Le fait caractéristique actuel est l'épuisement des luttes ardentes. Il semble qu'on soit las de recherches et d'innovations. La première moitié du XXᵉ siècle n'est que la période transitoire d'un renouveau littéraire déjà compris. L'accord se fera par la victoire aussi bien la défaite, suprême combinaison, de toutes les formules. Aux écoles de toutes sortes, aux méthodes de toute nature, succédera une littérature plus vaste et complètement libre, sans entrave aucune. Une littérature chaude, harmonieuse, sentimentale et vraie, toute l'humanité et toute la vie.

Nos aptitudes concordent heureusement à cette transformation du génie français. Nos impressions jeunes répondent à cette chaude efflorescence d'idéal. Nous devons donc participer à cette évolution favorable. Il me plaît de clore cette étude sur cette pensée où le dévouement filial s'allie à la joie d'un labeur patient et fécond. Puisse-t-elle se réaliser! La métropole intellectuelle, notre mère glorieuse, est prête à accueillir les œuvres des enfants de son cœur et de sa pensée : à nous de répondre à ce geste bienveillant. Aux stades puissantes de ce siècle réformateur, quand tout se renouvelle et s'épanouit dans une apothéose de vie, il nous appartient d'accomplir, devoir sacré, rêve digne des plus beaux efforts et des plus beaux esprits, notre avènement définitif dans l'histoire littéraire et artistique de la France.

TABLE DES MATIÈRES

CONTENUES DANS

« SOUS LE CIEL BLEU DE LA GUADELOUPE »

PAR

ORUNO LARA.

En frontispice, vis-à-vis du titre intérieur, portrait de M. Oruno Lara, exécuté en 1912.

La composition typographique

DE

SOUS LE CIEL BLEU DE LA GUADELOUPE

PAR

Oruno Lara

a été achevée

le trente un mai mil neuf cent douze

par

N. Dekonink

Maître-Imprimeur à Bruxelles-Saint-Gilles, rue du Fort, 16

SOUS LA DIRECTION DE M. GEORGES BARRAL

Fondateur de la Collection des Poètes français de l'Étranger

publiée à la librairie Fischbacher, rue de Seine, 33, près l'Institut de France, à Paris (VIe arrondissement).

N. D.

9 782329 808888